Matsuguma Shinichiro
松隈信一郎

ポジティブサイコロジー
不登校・ひきこもり支援の新しいカタチ

Positive Psychology

Ψ
金剛出版

はじめに

はじめまして。松隈信一郎と申します。私は現在、ポジティブサイコロジーという人間のプラス面を科学する心理学を研究しながら、その知見を応用して一〇代・二〇代の不登校・ひきこもりの訪問支援（アウトリーチ）や教員・保護者・対人支援職の方を対象にポジティブサイコロジーの教育・普及活動を行っている心理師であり研究者です。

この本を手にとってくださった方は、「不登校」や「ひきこもり」にご関心がある方だと思います。お子さんが不登校やひきこもりの状態だったり、不登校やひきこもりの若者と関わる学校の先生や医療従事者、もしくは福祉関係の方かもしれません。本書では、不登校・ひきこもり支援にご関心がある方に従来の心理学ではないポジティブサイコロジーという心理学を応用した新しいアプローチをご紹介したいと思っています。なぜなら、自身の経験を通して、この心理学は不登校やひきこもりのお子さんと非常に相性がいいと実感しているからです。しかし、この心理学は、日本ではまだほとんど知られていません。「ポジティブ」という言葉が日本の文化に合わないのか、一般の方だけでなく、精神医学や臨床心理学の専門家の間でさえも、あまり浸透しておらず、ただの「ポジティブ思考」と誤解されてしまっているのが現状です。私はこの誤解された現状が非常に勿体ないと思うのです。なぜなら、この心理学の知識やスキルは、不登校やひきこもりのお子さんの「可能性」を拓いていく力が大いにあると感じているからです。本書を通して、ポジティブサイコロジーとは何かをぜひ、皆さんに知ってもらいたいと思っています。そして、不登校やひきこもりのお子さんの「可能性」という扉を開く、もう一つの「カギ」を一人でも多くの支援者の方にもっていただきたいと願っています。そのために、本書では、まず「ポジティブサイコロジーとは何か？」についてお話しさせていただき、どのようにそれを不登校・ひきこもり支援に応用していくのかを事例を踏まえながら、お伝えできればと思っています。

＊＊＊

ところで、皆さんは「不登校」や「ひきこもり」という言葉を聞いたとき、どのようなお子さんのイメージを思い浮かべますか？　不登校やひきこもりのお子さんをもつ親御さんや学校の先生によくお伺いさせていただきますが、よく出てくるイメージとして、「顔が青白い」「元気がなさそう」「家でゲームばかりしている」「苦しそうな表情をしている」などが挙がってきます。どちらかというとネガティブなイメージをもたれている方が圧倒的に多いようです。

それでは、「不登校・ひきこもり支援」に対するイメージはいかがでしょうか？　彼らへの支援を思い浮かべたとき、どんなことをしている姿が思い浮かびますか？　ここでよく挙がるイメージは、不登校やひきこもりのお子さん本人のお話をしっかり聴くという「傾聴」です。支援者の決めつけではなく、お子さん本人の想いを理解するためにお話を聴くこと、とても重要ですよね。一方、彼らの話を傾聴している際に、私たち、支援者は自ずとしていることがあります。それは、話を聴きながら、「問題や原因を探る」ということです。「この子がこのようになってしまった原因は何だろう？」「何が問題なんだろう？」このように、目の前のお子さんの話に耳を傾けながら、私たちは自ずと原因や問題を把握しようとしています。問題や原因さえ明確になれば治療する方法がみつかるはずだと。たとえば、あるカウンセラーは「幼少期の愛情不足」を原因に挙げ、スキンシップをもっとすることを助言されます。またあるカウンセラーはコミュニケーションが苦手だから、ソーシャルスキルトレーニングの提供を、別のカウンセラーは内気な性格が原因だから、他者とボードゲームなどの共同作業をさせることを助言するかもしれません。これらの支援は何もおかしいものではありません。有効な支援のあり方だと思いますし、これまで当たり前のように行われてきたため、皆さんもこれらの支援に何も違和感をもたれないと思います。しかし、私はこれらの従来の心理支援のあり方に若干の違和感を覚えてしまうのです。というのも、これらのアプローチはすべて、「この子のどこかに欠陥がある」という「前提」のもとに成り立っているからです。お子さんの中に「欠陥」があり、それを修理さえすれば、この子は元に戻るという発想が、これらすべてのアプローチの根底に共通しています。何も間違ったことではないのですが、私はこの従来のアプローチが少し偏った考え方であると思うのです。なぜ人はネガティブなものを取り除けば、すべてが解決するという「前提」をもっているのでしょうか？　まずはそのことから考えていきましょう。

推薦文——日本の読者の皆さんへ

ライアン・M・ニーミック PsyD.

私は松隈信一郎PhD（以下、シン）氏がひきこもりの若者や保護者、先生の支援のために、本書を執筆したことを嬉しく思います。私はカナダ・モントリオールで開催された第五回ポジティブサイコロジー国際学会でのワークショップや、私が日本に出張した際に行った慶應義塾大学での講演会でシンと出逢う機会に恵まれ、彼と私は、その後も国際学会で交流を深め、「徳性の強み（Character Strengths）」とひきこもりの若者に関する初の学術的な共同研究を行っています。

私はシンの独自性のあるポジティブでクリエイティブなアプローチによって、人生において「目に見えない存在」であると感じている、別の言い方をすれば、忘れられ、道に彷徨い、行方不明で、自分が誤解されていると感じているかもしれない多くの若者たちが救われることを望んでいます。シンはこれらの若者たちに「徳性の強み」という重要でポジティブな特性が彼らの中にあることを、そして、これらの「強み」が彼ら自身の目標達成を助け、ウェルビーングを見出し、逆境やストレスに対処するために活かせることを思い出させてくれます。「徳性の強み」は強力で、たとえ、どれほど道に彷徨っていたとしても、誰もが活用でき、育てることができる未開発の可能性なのです。

私は日本語の話者ではありませんが、シンの英語で書かれた論文を読み、彼が行っている偉大なワークにとても興奮しています。私には、彼のワークが多くの方にポジティブな影響を及ぼすだろうという自信があります。それゆえ、本書は、その影響を強化させるための偉大な道筋となることでしょう。

ライアン・M・ニーミック PsyD.

VIA Institute on Character エデュケーション・ディレクター、心理学者

「徳性の強み」に関連する11冊の著者（The Power of Character Strengths; The Strengths-Based Workbook for Stress Relief; Mindfulness and Character Strengths; and Character Strengths Interventions; co-author of the forthcoming The Positivity Workbook for Teens 等）

目次

第一章
ポジティブサイコロジーとは何か?

人はなぜネガティブな部分に目がいってしまうのか?

ポジティブサイコロジーのお話をする前に、そもそも、なぜ私たちはネガティブな部分に目がいき、そこを修理することばかりにフォーカスしてしまうのか、まずは、その理由を二つの角度からみていきたいと思います。

皆さん、次の図1-1をみてください。パッとみたとき、どこに目がいきますか?

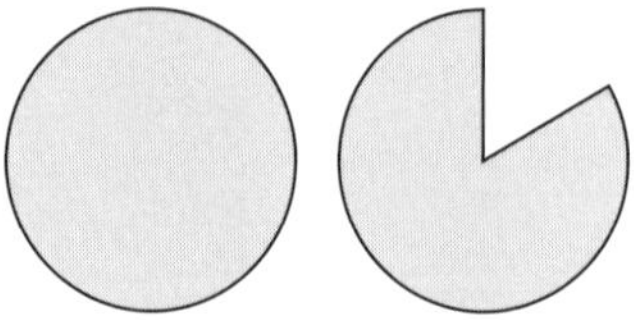

図 1-1　どこに目がいきますか？

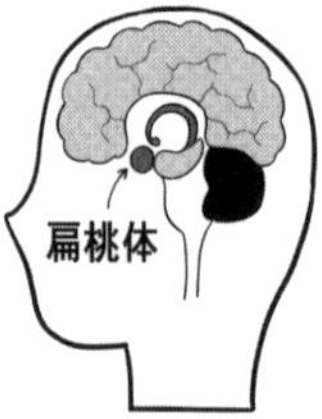

図 1-2　扁桃体

きっと、右側の「○」の欠けている部分についつい目がいってしまうのではないでしょうか？　人は自然と欠けている部分に目がいってしまう……一体、それはなぜでしょうか？　その理由をまずは脳の中から考えていきましょう。私たちの脳の中には、「快・不快」などの「感情」に直接、関連する「大脳辺縁系」と呼ばれる領域に「扁桃体《へんとうたい》」というものがあります。

　この扁桃体ですが、アーモンドほどの大きさと言われており、機能としては、「危険から身を守るためのセンサー」としての役割を担っています。危険なものが近づいてきたとき、それを感知し、「攻撃するか逃げるか」を瞬時に判断する防御機能として働き、生物が種として生き残るために必要不可欠なものでした。この扁桃体のおかげで、人間や動物は危険なものから身を守り、生存していくことができました。私たちが自然と自分にとって危険なものやネガティブなものに目がいってしまうのは脳の構造上、実は仕方がないことなのです。この扁桃体がある限り、人間の脳はネガティブな方に向かうよう初期設定されています。ですから、人間はネガティブなものが目につきやすく、「そこにつけ込まれると危険だ！」と感知して、ついつい欠けているところに目がいってしまうのです。そして、この扁桃体は「海馬《かいば》」と呼ばれる脳部位に繋がっているのですが、この部分は人間の記憶の記銘に関する部分です。脳は扁桃体が感じ取った危険を記憶することで、今後、このような危険な状態に陥らないようにしようと記憶します。ですから、人は自然と自らの「弱い部分」をみつけ、「この部分を直さなければならない」という思考回路になっているのです。生物として生き残るための自然な行動ですよね。自分の「弱み」や「ネガティブなこと」ばかりに目がいき、それを修理することばかりにフォーカスしてしまうのは、自分の身を守るためであり、扁桃体が機能している証拠なのです。

また、ネガティブな感情はポジティブな感情よりも脳に与える強度が強いことも脳科学で明らかになっています。ポジティブな感情はテフロン加工のようにツルツルと滑って記憶に残りにくい性質があるのに対し、ネガティブな感情はフライパンにこびりついた焦げのように、なかなか取り除くことができません。それは、危険な目にはもう遭いたくないから、脳が必死に覚えようと頑張っているのです。実際は、「このコーヒー美味しい」など、日常では些細でもポジティブな出来事が多く起きているのですが、ネガティブな出来事はテロリストアタックのようなもので、あまり起きないけれども、一度起きてしまうと、私たちは「またあるのではないか？」と、そのテロの恐怖に怯えながら生きてしまうのです。扁桃体のフィルターによって、ネガティブなものに偏ってしまう特性を専門用語で「ネガティビティ・バイアス」といいます。「弱み」やネガティブな部分ばかりに目がいき、それを修理しようとしてしまうのは、脳の機能として自然なことなのです。

戦後の心理学の歴史

また、戦後の心理学の歴史を紐解いても、なぜ不登校・ひきこもり支援の「前提」がお子さんのネガティブな部分を修理することばかりになってしまったのかが明らかになってきます。現在、日本に多く存在している不登校・ひきこもりの心理支援は、二〇世紀の心理学をもとに生まれたものです。ここではどのような背景をもとに生まれてきたのか、少し歴史を振り返ってみましょう。

心理学という学問は、今も昔もアメリカが牽引してきた学問ですが、第二次世界大戦後やベトナム戦争後、アメリカでは多くの元兵士の方がうつ病になったり、ＰＴＳＤ（心的外傷後ストレス障害）になったり、精神疾患が増加し続けました。それは一つの社会問題となり、アメリカ政府も「これはマズイ」と、莫大な研究費用をうつ病やＰＴＳＤなどの精神疾患の治療開発に研究費を注ぎ込んだのです。その結果、戦後から今日にいたるまでの心理学は精神疾患を治療する学問、簡単に言うと、「欠陥のあるマイナス状態をゼロに戻すための学問」となっていったのです。

このような歴史があるので、現在の「不登校・ひきこもり支援」のあり方も「過去の原因を探り、ネガティブな部分を治し、心の痛みを感じないところまでもっていく」というものが主流となりました。「心理支援を受けた方がいい」というと、「何か自分におかしいところがあるんじゃないか？」とお子さんが無意識に思ってしまうのも無理はありません。しかし、よく考えてみると「心理学」とは「心を科学する学問」であり、心というのは「悲しみ」や「不安」といったネガティブな感情もある一方、「幸せ」や「感謝」「勇気」「好奇心」といったポジティブな感情もありますし、「創造性」や「忍耐力」、「強み」などのプラスの側面もたくさんあるはずです。しかし、戦後からこれまでの心理学はこのような人間のポジティブな側面をほとんど無視した形で展開されてきました。事実、一九九〇年代までの心理学に関する論文の内容に目を向けると、人のポジティブな側面とネガティブな側面の研究の比率はなんと「一：二〇」。ポジティブな側面の研究が一に対して、ネガティブな側面の論文は二〇という非常に偏った数字になっていたのです。つまり、これまでの心理学は「ネガティブサイコロジー」と言っても過言ではなかったのです。

ポジティブサイコロジーの誕生

一方、戦前の心理学には、ネガティブなものを除去するだけが目的ではなく、三つの目的が存在しました。それは、①精神的な不調を治療すること、②すべての人々の人生をより充実したものにすること、そして、③高い才能を見分け養成することとです。戦後の心理学は①の「精神的な不調を治療すること」ばかりに焦点があてられ、②と③については置き去りになり、人間のネガティブな感情や側面に偏っていたのが二〇世紀の心理学でした。しかし、このような流れの中、「どうもこれはおかしい！」と強く疑問に感じ、異議を唱える心理学者が一九九八年に現れました。その人はマーティン・セリグマン先生、当時のアメリカ心理学会の会長でした。セリグマン先生はこの偏った学問のあり方は科学としておかしいのではないかと、これまでの心理学の流れに対抗する形で新しい心理学を提唱したのです。それが「ポジティブサイコロジー」。日本人である私たちは「ポジティブ」と聞くと、なぜだか少しうさんくさく感じてしまう部分があるのですが、彼を中心とした心理学者たちの試みはネガティブなものを否定するのではなく、学問としてバランスをとるために人間のポジティブな側面にも目を向けようとする試みでした。従来の心理学が

①あなたの何が悪いのか？【欠点に焦点】
②そうなった原因は何なのか？【過去に焦点】
③もう苦悩はないか？【ゼロの状態に治す】

を中心のテーマにしていたのに対して、ポジティブサイコロジーは

①あなたの何がうまくいっているのか？【強みに焦点】
②あなたの強みをどう活かすのか？【未来に焦点】
③どうすれば最善の状態になれるのか？【プラスの状態に高める】

を中心のテーマとして扱います。この新しい心理学が設立されて以降、幸福感や楽観性、感謝などポジティブな感情についての研究が盛んになり、人の「強み」やプラス面に焦点をあてることのさまざまな効果が科学的に明らかになってきました。たとえば、一人一人が本来もつ「強み」を自覚し、日常生活で活用している人は幸福度が高く、自己肯定感も生活の質も高いことが科学的に分かってきました。さらに、幸福感をはじめとするプラスの感情は、自分の視野を拡げたり、血圧を下げたり、心ばかりでなく身体の健康にもよい効果をもたらすことまで近年の研究によってわかってきたのです。この勢いは留まることを知らず、二〇一六年には世界の名門であるハーバード大学が約二一億円の寄付を元手に健康と幸福を科学する新しい研究センターを設立し、欧米圏を中心にポジティブサイコロジーを学べる新たな学部が各大学・大学院に設立され、ポジティブな側面に関する研究が二一世紀に入り、海外では続々と出てきたのです。しかし、まだ日本では特に臨床現場においてほとんどこの心理学は浸透されていません。

ポジティブサイコロジーは「ポジティブ思考」ではない！

欧米圏を中心に拡がりをみせるポジティブサイコロジーですが、日本では「ポジティブ」という言葉のニュアンスもあってか、なかなか受け入れられない風潮があり、また、スピリチュアル系に分類され、「怪しいもの」だと誤解されてしまっているのが現状です。臨床心理学や精神医学の先生にも「そんなポジティブに考えることができたら、誰も苦労しないよ」と言われ、端から相手にされないこともよくあります。なぜ、ポジティブサイコロジーが臨床現場で浸透しないのかというのは、この「ポジティブサイコロジー」の「ポジティブ」を誤解されているからでしょう。言葉だけみると「ポジティブ（前向きな）」＋「サイコロジー（心理学）」であり、「何があっても前向きに捉えよう」という「ポジティブ・シンキング（ポジティブ思考）」に誤解されやすいのですが、ポジティブサイコロジーは「いつも前向きに考えよう」という「ポジティブ思考」とは異なります。ポジティブサイコロジーの「ポジティブ」とは「人間のプラス面」または「善く生きること」を指しています。これまでうつや不安、悲しみ、弱みなど、人間のマイナス面ばかりが研究されてきた心理学の世界で、人間のプラス面もしっかり研究して、バランスを整えようという流れの中から生まれたのがポジティブサイコロジーです。「人間のプラス面」とは、たとえば、「幸せだな」という幸福感や「有り難いな」という感謝、希望や勇気、情熱、強み、レジリエンスや美徳、愛情、謙虚さなど、人間がもつポジティブな感情やプラスの特性などを指しています。また「善く生きること」とは、単に楽しみや喜びに溢れた生き方だけでなく、何かに没頭したり、従事していること、または自分の人生に意義を感じていることなども含みます。これらのテーマは哲学の世界ではよく語られているのですが、心理学の世界ではほとんど研究されてきませんでした。ポジティブサイコロジーの「ポジティブ」とは、これまで哲学や倫理学等で議論されていた「人間のプラス面」や「善い生き方」を科学的に理解しようとする学問であり、決して「常に前向きに考えよう」ではないのです。人はどんなときに希望が湧くのか、幸せを感じるのか、勇気が出るのか、そもそも勇気とは何か、強みとは何か、善い人生の構成要素とは何か……このような人間のプラス面を主観的に議論するのではなく、きちんと測定尺度を作って、データを集め、分析して、定義を作り、それらが心身の健康やパフォーマンスにどのような効果や関連があるのかを客観的に明らかにしよう、そして、その知見を活かして、医療や福祉、教育等の分野でも役立てていこうとする実践的な心理学がポジティブサイコロジーなのです。ちなみに、「ポジティブ思考」に関しては「楽観性」というテーマもポジティブサイコロジーの領域で扱われますが、あくまでも一つの研究項目に過ぎず、決して、ポジティブサイコロジーは「ポジティブ思考」ではないのです。臨床分野でポジティブサイコロジーの研究・実践を牽引するトロント大学のタヤブ・ラシッド先生に直接、国際学会でお伺いしたところ、「私もこの『ポジティブ』という言葉のニュアンスに違和感があり、もし名前を変えることができるとしたら、『Balanced psychology（バランスのとれたサイコロジー）』と呼びたい」と仰っていました。人間のネガティブな感情や特性ばかりでなく、ポジティブな感情や特性も同じくらい大事なので研究しようというこの心理学の本質をよく表していると思います。不登校やひきこもり支援もお子さんのネガティブな側面ばかりにフォーカスするのではなく、ポジティブな側面にも重点を置きながら進めていくのが、ポジティブサイコロジーを応用した支援のあり方です。

ちなみに、ポジティブサイコロジーの成り立ちは、これまでネガティブな側面ばかりが研究されていた中、人知れず地道にポジティブな側面を研究していた研究者が集まってできたという背景があります。ある人は「幸福感」を研究し、ある人は「感謝」を、またある人は「強み」を、とそれぞれの専門が異なる研究者たちが、各々のテーマを一つの「弁当箱」に入れてできたのがポジティブサイコロジーです。ですから、「幕の内弁当」のようなイメージでポジティブサイコロジーを捉えるとわかりやすくなります。精神分析やアドラー心理学のように一つの理論から派生したものではないため、海外の翻訳本を読んでも、それぞれの章（テーマ）が独立しており、結局、「ポジティブサイコロジーって何なの？」と本質が掴みにくいのは、このためです。本書でもポジティブサイコロジーの理論を応用した不登校・ひきこもり支援をご紹介していきますが、「強み」や「ポジティブ感情」、「希望」や「勇気」、「人生の意味」など、さまざまなトピックが出てきますので、どうぞ「幕の内弁当」をイメージしながら、読み進めていただけたらと思います。

第二章
ガーデン・アプローチ：ポジティブサイコロジーによる不登校・ひきこもり支援

「花の育て方」と「雑草の抜き方」は違う！

そもそも従来の心理支援には、誰もが疑わない、ある「大前提」がありました。それは「不安や苦悩などの悪い部分を最小限にすれば、人は幸せになる」というものです。これは心理学の巨匠であるフロイトが提唱した「大前提」です。これまで心理学はこの「大前提」のもとに成立し、研究者たちは「どのように不安や苦悩などの悪い部分を取り除くか？」という命題に多くの時間とエネルギーを費やしていました。無論、日本で学習された多くのカウンセラーたちも、この「大前提」をもとに専門的な勉強をしています。ですから、カウンセラーが望む最高の形とは、「最適な治療により、苦悩と悲惨さを可能な限りゼロに近づけた状態」です。

これは不登校やひきこもり支援の現場でも同様で、多くの支援者たちはこの「大前提」に従い、あたり前のように「心理的苦悩を取り除くと、学校・社会復帰できる」と考え、心の悩みを傾聴し、それを吐き出させる形で支援にあたっています。心理学を学んでこられた心理支援者であればあるほど、この「大前提」に忠実に従い、これまで学んできたことを実践しているのです。あの心理学の巨匠が提唱することだから間違いないと。

しかし、ポジティブサイコロジーの研究が進むにつれて、この「前提」はひょっとすると正しく現実を反映していないかもしれないと疑問視されはじめたのです。特に不登校・ひきこもり支援の文脈で注目すべき研究は、米国エモリー大学のコーリー・キーズ先生が実施したもので、それは「心の病気（Mental Illness）」と「心の健康（Mental Health）」はまったく異なることを示した研究です。従来の心理学では「心理的苦悩や悲惨さ（心の病気）を取り除けば、人は幸せになる」と考えられていたのに対し、「心の健康」は「人生の目的」や「自己成長」「自主性」「社会貢献」など、「心の病気」を構成する要素とは異なるものであることを明らかにしたのです。そして、これまでのように「心の病気」と「心の健康」を一直線上で捉えるのは現実を反映しておらず、むしろ二軸で考える方が適切なのではないかと言われはじめるようになりました。たとえば、元アメリカ大統領のアブラハム・リンカーン氏は優れたリーダーシップを発揮した歴史に名を残す人物ですが、大うつ病で非常に有名な方でもあります。彼はうつ病でありながらも、卓越したリーダーシップを発揮しました。フロイトが提唱した一直線上の考えでは、このようなリンカーンの心理状態を説明することができません。人間の心理状態は一直線上で捉えるのではなく、「心の健康（メンタルヘルス）」と「心の病気（メンタルイルネス）」を別々の二軸でみる方が、人間の心理状態をより適切に表しているのです。不登校・ひきこもり支援においても、この子の不安やうつなどはどのような状態かという「心の病気」とは別に、この子の成長したい動機はどれくらいあるのか、ポジティブな感情をどれくらい感じているのか、どんな強みをもっており、どのくらい日常で活かせているのかという「心の健康」に関わる要素も独立してみていく必要があるのです（図2-1）。

図 2-1　「雑草」の抜き方と「花」の育て方は異なる

人を「庭」でたとえると、「雑草」が人の「弱み」や「ネガティブな側面」だとしたら、これまで私たちは、この「雑草」に目を向け、そればかりを取り除こうとしてきました。「雑草さえ抜けば、この子は元に戻る」と信じ、「雑草」を診断し、抜くことばかりにエネルギーと時間を費やしてきたのです。この行為自体は悪いことではないのですが、「雑草」がすべて抜けたところで、この「庭」はどうなるでしょうか？　何もないただの「さら地」になっているだけですよね。

決して、色とりどりの豊かな「花」が咲いている「庭」ではありません。ポジティブサイコロジーの研究で明らかになった最大の発見は、「雑草の抜き方」と「花の育て方」は異なるということです。「幸福感」や「強み」、「人生の目的」や「モチベーション」などの人間の「心の健康」（花）は、いくら「雑草」を抜いたとしても、魔法のようには生えてきません。不登校・ひきこもり支援において、お子さんの「雑草」ばかりを抜くのではなく、「種」を見つけて、「花」を育てるプロセスも大事にしなければ、彼らが前に進むことはないのです。つまり、従来の心理学が「雑草の抜き方」を教えてくれる心理学であったのに対し、ポジティブサイコロジーは、「花の育て方」を教えてくれます。人生を前に進めるためには、「花の育て方」も学ぶ必要があるのです。

実は、専門家による「メンタルヘルス」の講演などが昨今、よく開催されますが、そのほとんどの内容が「ストレスをどう対処するか？」など、「メンタルヘルス（心の健康＝花の育て方）」の話ではなく、「メンタルイルネス（心の病気＝雑草の抜き方）」の話なのです。従来の臨床心理学や精神医学は、「雑草の抜き方」しか取り扱わないため、「花の育て方」についてはほとんど知りません。もちろん、うつ病などの精神疾患を理由に不登校やひきこもりになるケースもあり、従来の「心理的苦悩」を取り除く支援が効果的な場合もあります。しかし、精神疾患とは診断しがたい、多くの不登校やひきこもりの子たちが、カウンセリングや心療内科に行き、「心理的苦悩」を取り除こうとしたけれど意味がなかったという事例が後を絶ちません。なぜなら、キーズ先生の研究が示唆するように、不登校・ひきこもり支援で最も重要なことは「心理的苦悩」を取り除くことよりも、内的動機と直接関係のある「心の健康」を高めることの方が、より重要なケースが圧倒的に多いからです。「社会でさまざまな経験をして成長したい」という動機は、いくらマイナス面を除去したところで魔法のように湧き上がってくるものではないのです。

従来の不登校・ひきこもり支援では、面接中、原因を追求することばかりがフォーカスされ、過去のネガティブな話ばかり取り上げられます。特定することのできない原因を探し続け、時間ばかりが過ぎてしまう……。皆さんもこのようなご経験はないでしょうか？　近年のポジティブサイコロジーの動向では、このように過去の原因を追求して、特定しようとするプロセスはそこまで意味がないと言われています。なぜなら、人間は未来を変えることで、過去の捉え方を変えることができる生き物だからです。事実、お子さんから直接、不登校やひきこもりになった原因を伺わずにひきこもり状態から脱出したケースもよくあります。なぜそのようなことが可能なのかというと、彼らの「雑草」を抜くことばかりに時間とエネルギーを費やしたのではなく、彼らの「花」（心の健康）を育てることにフォーカスしてきたからなのです。本書では、この「花の育て方」を具体的にお伝えしていきたいと思っています。

「見守りましょう・待ちましょう」の罠

ポジティブサイコロジーを知らない、またはただの「ポジティブ思考」と誤解されているカウンセラーや支援者の方にとって、不登校やひきこもりのお子さんの「雑草の抜き方」については知っていても、彼らの「花の育て方」（モチベーションを高めたり、本人の「強み」によって行動を起こし、成長させること）については、学校では学んでいません。ですから、従来の臨床心理学や精神医学しか知らない方にとって、ひきこもりになった原因がみつからなければ「見守りましょう」「待ちましょう」としか親御さんにアドバイスできないのが現状なのです。一方、ポジティブサイコロジーは「花の育て方」を教えてくれます。一人一人の「強み」を活かして行動を起こすために何をすればよいのか、また、モチベーションや自己肯定感を高めるにはどうすればよいのかを具体的に教えてくれる学問がポジティブサイコロジーなのです。もちろん、お子さんは人間であり、リモコンのようにこちらの思い通りに動く生き物ではありません。お子さんの心理的状態によっては、見守っていくことが大事な時期もありますし、私も「見守りましょう」と親御さんにご助言させていただくときもよくあります。しかし、ただ「見守りましょう」「待ちましょう」しか助言しないカウンセリングや支援のあり方は、明らかに偏ったアプローチであり、実際は不登校やひきこもりのお子さんが自分らしく行動を起こすキッカケとなる具体的なアドバイスは可能です。「見守りましょう・待ちましょう」という助言を鵜呑みにして、ひきこもりの高齢化を受け入れる前にまだやれることはたくさんあります。その「可能性」をみつけるために、ここで「花の育て方」を学んでいきましょう。

ガーデン・アプローチ

不登校やひきこもりのお子さんのお話を聴いていると、自分の「雑草」ばかりをみて、「それが自分だ」と思い込んでいるケースがよくあります。また、彼らの周りにいる親御さんや先生たちも、「なぜこの雑草が生えたのか、この雑草は何なのか、どうやってこの雑草を抜けるのか」というお話ばかりされていることがよくあります（扁桃体の機能を学んだ私たちにとって、なぜこのようなことになるのかは、もう説明いりませんよね）。本書を通して、私がお伝えしたい不登校・ひきこもり支援のアプローチとは、この「雑草」に近づきすぎている顔を一旦離して、少し俯瞰的に「庭」全体をみていくというアプローチです。「雑草」ばかりをみて、「自分は駄目だ」と思っているお子さんや、その「雑草」を抜かなければ、この子は元に戻らないと思われている親御さんや先生に、彼らの「花」の部分に目を向けてもらい、それらを育てることに注力してもらうやり方です。そして、「花」と「雑草」の割合を変えていこうという考え方です。誰しもが人間である以上、「雑草」はあります。私自身もシャイな性格やジャガイモみたいな顔など、「雑草」だらけです。もちろん、幻聴や幻覚など、明らかに「花」を脅かす「雑草」は抜く必要があるかと思いますが、「雑草」は人間であれば誰しもがもっているものです。もちろん、「雑草をならすこと」は必要でしょう。自分のマイナス面に囚われなくする、もしくは、ネガティブな面と同居できるように「雑草のならし方」を学ぶことは重要です（これに関しては第五章で取り扱います）。「雑草」（ネガティブな感情や思考、欠点や弱み）に振り回されないように対処しながら、「花」（ポジティブな感情や強み）を育てて、前に進んでいく。私はこれを「ガーデン・アプローチ」と名付けていますが、次章から、「花」の育て方、「雑草」のならし方、そして「庭師」である私たち周りの支援者の心構えについて、順にみていきましょう。

第三章
子どもの「花」（強み）を育てる①

それでは、まずはお子さんの「花」の部分について、一緒に学んでいきましょう。ここで私がいう「花」とは、「人間のプラス面」、つまり、ポジティブサイコロジーで扱われるテーマの「ポジティブ感情」や「強み」といったその人ならではの特性を指しています。まずはポジティブサイコロジーの中核的なテーマである「強み」からみていきましょう。この章では「強み」とは何か、なぜ「強み」が大事なのか、そして「強み」をどのように活用して、不登校やひきこもりのお子さんの次の一歩に繋げていくのかを具体的にみていきたいと思います。

「強み」を見出す

ポジティブサイコロジーを応用した不登校・ひきこもり支援は、その子ならではの「強み」を見出し、それを育てていく中で、自己肯定感を高め、成長を促進しながら人生を前に進めていくというものです。しかし、ポジティブサイコロジーが誕生するまで、実は人間の「強み」というのは、ほとんど心理学では研究されていませんでした。科学的な研究を行うためには測定するための「基準」が必要です。精神医学や臨床心理学ではこれまで「精神障害の診断と統計の手引き」、通称「DSM」と呼ばれる専門書がその「基準」となっていました。このDSMには不安障害やうつ病など、さまざまな精神疾患が分類されており、「これらの項目にあてはまればうつ病である可能性が高い」といったような基準があったため、これまで人間のネガティブな側面についてはは診断や研究が可能だったのです。この基準のおかげで診断や治療ができるようになり、精神的不調を治療することも可能になりました。しかしその一方、このDSMが拍車をかけるように、人間のネガティブな面の研究ばかりが増えていきました。また、精神科医からすると、「病気」にしなければ治療することができません（ちなみに、現在、「ひきこもり」はあくまでも「状態」を表す言葉なのですが、精神医学界では治療できるように「疾患にしよう」という動きもあります）。治療をするために、人のネガティブな側面には基準や分類があったのですが、ポジティブな側面についてはこれまで基準や分類がありませんでした。そのため、ポジティブサイコロジーの心理学者たちは、まず「強み」の基準作りと分類をすることからはじめました。

「強み」とは何か？

お子さんの「花」の部分にあたる「強み」をどのように見出し、育てていくのかをお伝えする前に、ポジティブサイコロジーで言われる「強み」とは何かを明確にしたいと思います。よく「強み」と聞くと、「サッカーが上手」とか「ピアノが得意」などの特技を指すことが一般的ですが、これらはあくまでも知識やスキルであり、ポジティブサイコロジーが定義する「強み」とは異なります。

ポジティブサイコロジーの分野でも「強み」はさまざまな言葉で定義されていますが、本書では「強み」の研究で最もよく挙げられるＶＩＡ（ヴィア）モデルとＧＡＬＬＵＰ（ギャラップ）モデルについて、それぞれの「強み」の定義や分類をみていきたいと思います。この二つのモデルは一〇代・二〇代の不登校・ひきこもりのお子さんが自分の「花」をみつけるために、とても役に立ちます。

VIA 徳性の強み（VIA Character Strengths）

まず、一つ目は、「VIA（ヴィア）モデル」という、「強み」を「人格の一部」としてみるモデルです。このモデルでは「強み」を「徳性の強み（Character Strengths）」と呼びます。ポジティブサイコロジーの提唱者であるマーティン・セリグマン先生（ペンシルベニア大学）とクリストファー・ピーターソン先生（ミシガン大学）は研究チームをつくり、二〇〇〇年代前半に三年間かけて、古代ギリシア哲学から各宗教の聖典、小説の名作に至るまで、時代や文化を越え、古今東西、人間の美徳と称賛されている「徳性の強み」を収集し、分類していきました。その結果、人間であれば誰しも持つ二四種の普遍的な「徳性の強み」を特定したのです。この「徳性の強み」はもともと「Value in Action」と呼ばれ、通称「VIA（ヴィア）」と呼ばれますが、この二四種の「徳性の強み」が基準となり、二〇〇〇年代以降、心理学では「強み」の研究が急増しました。クリストファー・ピーターソン先生率いる研究チームが精神医学や臨床心理学のバイブルである「DSM」の「ポジティブ版」を作り上げたのです。VIAは二四種の「強み」に分類すると言いましたが、さらに言うと、この二四種の「強み」は大きく六つの「美徳」に分類されます。百聞は一見に如かずということで、33頁の表をみてください。

VIAでは「強み」を、それぞれの「美徳に繋がる道筋（Pathway）のこと」と定義しており、「人格の一部」を表します。たとえば、「親切心」という強みを活かした先には「人間性（Humanity）」

表 3-1　VIA 徳性の強み（Character Strengths）

美徳	徳性の強み
知識と知恵	創造性・好奇心・知的・柔軟性（判断力）・向学心・大局観
勇気	勇敢さ・忍耐力・誠実さ・熱意
人間性	愛情・親切心・社会的知性
正義	チームワーク・公平さ・リーダーシップ
節度	寛容さ・慎み深さ・思慮深さ・自律心
超越性	審美眼・感謝・希望・ユーモア・スピリチュアリティ

表 3-2　VIA 徳性の強み（Character Strengths）の選択基準

1	よい人生につながる充実をもたらしているか？
2	それ自身が精神的・道徳的な価値をもっているか？
3	発揮することで他人を傷つけないか？
4	望ましくない「逆の」人格の言葉があるか？
5	測定可能な個人の行動に表されるか？
6	ほかの人格とははっきり区別されているか？
7	模範的な人物や物語に具現化されているか？
8	追加的な基準として、天才的な人物がいるか？
9	逆に、それをほとんど欠いた人物がいるか？
10	それを育成するための制度や伝統があるか？

という美徳に繋がり、「リーダーシップ」という強みは「正義」という美徳に繋がるものと考えられました。一つ一つの「強み」は後程みていきますが、ポジティブサイコロジーの「強み」の一つ目の流れは、「強み」を「人格の一部」とみるものです。どちらかと言ったら、性格に近いものになりますが、性格は外向的、内向的など、「よい・悪い」という価値は伴いませんが、VIAの「徳性の強み」は「よいものである」と評価されているため、「価値ある性格」と言い換えられます。この人格や徳性ともいえる「強み」は時代や文化を超えて、人間の中に共通して見受けられます。これらは古今東西の文献研究により抽出された「強み」を、さらに一〇個の評価項目によって選出された二四種の「強み」であり、異文化間で差があるものはこの地点で除外されています。

人間であれば、大なり小なり、これら二四種の「強み」をすべてもっており、それらの濃淡や組み合わせが「その人らしさ」の人格を定義します。ポジティブサイコロジー界のインディアナ・ジョーンズと呼ばれているロバート・ビスワス＝ディーナー先生は、ケニアのマサイ族やイヌイット、インドのスラム街などでも現地調査を行い、それを証明しました。まさに普遍的な人間の「強み」なのです。

クリフトンストレングス®(GALLUP CliftonStrengths®)

VIAの「徳性の強み」が、「強み」を「人格の一部」として定義するのに対して、二つ目の大きな流れは、「強み」を「磨かれた才能」として考えるギャラップ・モデルです。これは、教育心理学者であったドナルド・クリフトン先生率いる世論調査・コンサルティング会社の米国ギャラップ社が分類したクリフトンストレングス®(通称、ストレングスファインダー)が最も有名です。古今東西の文献研究をもとに人格的な「強み」を抽出したVIAとは異なり、ドナルド・クリフトン先生は各業界におけるハイパフォーマーと呼ばれる一流の人物、約二〇〇万人に半構造化面接を実施し、その中で、彼らが自然とできる「才能」を見出そうと試みました。彼らの言う「才能」とは「自然と繰り返し現れる思考、感情および行動であり、生産的に活用できるもの」を指しますが、面接によって十人十色、さまざまな「才能」が抽出されました。それらの「才能」は分析の結果、三四種の集まりに分類することができ、また、それをさらに大きな四つの「領域」に分類することができました。ギャラップ社はこの「才能の集まり」を「資質(Themes)」と呼び、この資質に知識やスキルを身につけ、訓練して磨き上げたものを「強み」と定義しました。ちなみにこの「思考、感情および行動のパターン」とは具体的には、自然とそう考えたり、行ったり、感じたりしてしまう「脳の癖」を意味します。脳には多くの神経回路があり、その活動パターンは人それぞれ異なります(なお脳科学者の間ではこれを、一人一人異なる指紋にたと

表 3-3　ギャラップ社クリフトンストレングス®（CliftonStrengths®）

実行力	達成欲・アレンジ・信念・公平性・慎重さ・規律性・目標志向・責任感・回復志向
影響力	活発性・指令性・コミュニケーション・競争性・最上志向・自己確信・自我・社交性
人間関係構築力	適応性・運命思考・成長促進・共感性・調和性・包含・個別化・ポジティブ・親密性
戦略的思考力	分析思考・原点思考・未来志向・着想・収集心・内省・学習欲・戦略性

えて「脳紋《のうもん》」と呼んでいるそうです）。ある特定の神経回路は生まれつき、もしくは幼少期から使っているため、シナプス結合が強化されて「高速道路」のようになっています。たとえば、ＦＰＳというシューティングゲームに熱中するお子さんは、「もしここに敵が現れたらこうしよう」というように、ある状況においてすぐに複数の選択肢をみつける神経回路が非常に発達しているのです。その「高速道路」を使って物事を考え、実行すると、その回路に障害物がない分、瞬時に脳内での情報が行き来します。結果、自然とうまくできるというわけです。

私たちはこのように、生まれつき、もしくは幼少期から普段何気なく特定の行動を繰り返し、独自の「思考・行動・感情のパターン」（脳の癖）をもつようになります。脳がある以上、誰しもが、自然とする「強みの原石」をもっているのです。ギャラップ社が定義する「強み」とは、まさにこの脳の「高速道路」を生産的に活用した「パフォーマンス」を指しています。本書では、ＶＩＡの「徳性の強み」を主に活用していきますので、一つ一つの資質の説明は割愛させていただきますが、もしご興味があれば、「さあ、才能（じぶん）に目覚めよう〈新装版〉」（日本経済新聞出版社）に詳細が記載されていますので、ぜひお読みください。

ちなみに、私自身は不登校やひきこもりのお子さんに対して、ＶＩＡもクリフトンストレングス®も両方、使用しています。ＶＩＡは、その子のより性格的な部分やアイデンティティ（価値観やコア）を明確にする上で役立ち、またクリフトンストレングス®は具体的な行動に移すときに役立っています。ここまで、まずはポジティブサイコロジーの「強み」の概要をご紹介させていただきましたが、次にこれらの「強み」をどのように見出し、いかに不登校・ひきこもり支援に活用していくのかをみていきましょう。

「強み」は育てるもの

ポジティブサイコロジーが産声を上げた一九九〇年代後半、当初の「強み」は、生まれながらに備わった「ポジティブな徳性」「プラスの性格」といった意味合いが強いものでした。それが近年、「強み」とは育て、磨き上げることが大切であるという発想に変わってきたのです。その背景には、「脳は鍛えれば育つ」という「可逆性」が脳科学で裏付けされてきたことに関連します。たとえば、マウス実験では、一匹で育ったマウスより、多くのマウスと一緒に遊んだマウスの方が、よりチャレンジするため、脳の神経細胞間のコミュニケーション量が増えていたという報告があります。これは人の場合でも同様の結果でした。これらの実験は「脳は鍛えることで変わることができる」ことを実証し、「脳は固定されたものではなく、成長し続けるもの」という考えが広まってきたのです。この流れをうけ、スタンフォード大学のキャロル・ドゥエック先生は「成長思考（Growth Mindset）」という概念を提唱しました。これは、「人間の知能（脳）は鍛えることで成長する」と信じるマインドセットを指し、「成長思考」の人は、実際に学業成績やパフォーマンスが向上するのに対し、「知能（脳）は生まれつき決まっている」と信じている「固定思考（Fixed Mindset）」の人は成長しないことを研究によって明らかにしたのです。「成長思考」の人は、目の前のチャレンジや努力を「成長するために必要なこと」として捉え、努力し続けることができるのに対し、「固定思考」の人は、「能力はそもそも決まっているから努力しても無駄だ」と止めてしまうので結果的に差が出るというわけです。マインドセットの違いだけで、結果に差が出るとは面白いですよね。この理論を応用して、ポジティブサイコロジーの「強み」も、ただ先天的にもっている・もっていないではなく、その「強み」を育てていくという「成長思考」をもつことが大事であるという考えが主流になってきています。実際にアズーサ太平洋大学のミシェル・ルイス先生が大学生を対象に実施した介入研究でも、自分の「強み」を理解しただけの群と「強み」を理解しただけでなく、それを育てていく必要があることを学んだ群とでは、前者のみ「固定思考」が強化されたという研究結果もあります。本書でも、これからお子さんの「強み」を学んでいきますが、「この子の強みはこれだ！」という自己理解で終わらせるのではなく、彼らがその「強み」を活かし、育てていくことにフォーカスできるようサポートしていきましょう。

「強み」の見出し方

それでは、具体的に不登校やひきこもりのお子さんの内的な「強み」の見出し方をみていきましょう。ポジティブサイコロジーで推奨されている「強み」の見出し方は主に三つあります。どの方法も効果的ですが、ここでは診断アセスメントを用いるという簡単な方法から会話の中から見出していくという少し高度な技法まで学んでいきたいと思います。

「強み」を診断テストからみつける

一つ目の方法は、ポジティブサイコロジーの研究者が開発した心理アセスメントを受検するというシンプルな方法です。先程、ご紹介したＶＩＡの「徳性の強み（Character Strengths)」はクリストファー・ピーターソン先生が中心となって開発したアセスメントがオンライン上に存在します。以下のＵＲＬ（http://www.viacharacter.org）にアクセスし、一二〇問の質問項目に回答すると、二四種に分類された「徳性の強み」が一から二四番目まで順位付けされ、自分の「強み」を確認することができます。こちらのアセスメントは現在、VIA Institute on Character という非営利団体が管理しており、日本語で無料で受検できます。一〇歳から一七歳のお子さんはユース版で質問項目は九六問になり、一〇歳以上であれば受検可能です。また、発達障害や精神障害を患う方でも受検することができます。一方、ギャラップ社の「強み」のもととなる「資質(Themes)」はドナルド・クリフトン先生が開発したアセスメントで、以下のURL(https://www.gallupstrengthscenter.com)にてアクセスコードを購入すると一七七問の質問項目に回答することができます。その結果、三四種に分類された「強み」のもととなる資質(思考・行動・感情のパターン)が一から三四番目まで順位付けされ、上位五つのみの結果が約二〇米ドルで、一から三四番目までの結果が約五〇米ドルで確認することができます。一つ目の「強み」の見出し方は、このようにポジティブサイコロジーの心理学者によって開発されたオンライン上のテストを受けることによって見出す方法です。両診断アセスメントは共に信憑性も実証されていますので、この方法が「強み」をみつける王道かと思います。

「強み」を分類表からみつける

しかし、わざわざオンラインにアクセスして質問に回答することが面倒臭いと感じられるお子さんもいらっしゃいますし、学校現場で皆一斉にオンライン上で受検できない環境などもあります。その場合は、次の分類された「強み」のリストからお子さん自身で選んでいく方法が有効です。「強み」は研究者によって定義が異なるため、分類方法は異なりますが、ＶＩＡでは二四種に、ギャラップ社では三四種に分類されています。この分類された「強み」のリストから選んでいくことで「強み」をみつけることも可能です。ここでは例としてＶＩＡの分類表を用いて、読者の皆さんの「強み」をみつけてみましょう。まずは42～43頁の二四種の分類表をご覧ください。

二四種に分類された「徳性の強み」とそれぞれが属する強み群（美徳）の説明がありますが、これらの二四種の「強み」は程度の差こそあれ、誰しもがすべてもっています。その中でもより色濃く出ている自分の中で突出した五つの強みを「特徴的な強み（Signature Strengths）」と呼びます。この五つの「特徴的な強み」をリスト上から選んでいくのですが、その判断基準は「特徴的な強み」に含まれる三つの要素があるかどうかで判断します。

特徴的な「強み」に含まれる三つの要素

ＶＩＡの「徳性の強み」では、最も顕著に現れる「特徴的な強み」には次の三つの要素が含まれるといわれています。それは、①アイデンティティ（Essential）、②自然とできる（Effortless）、③活力が湧く（Energizing）という三要素です（頭文字をとって「３Ｅ」と呼ばれています）。「アイデンティティ（Essential）」とは、自分らしさを表す、つまり、「自分にしっくりくるもの」を意味します。「自然とできる（Effortless）」は、その「強み」を自然と使うことができて、表に出

表 3-4　つづき

美徳	強み	説明	◎△×
正義（Justice）健全な地域社会生活の基礎となる市民としての強み群	チームワーク（Teamwork）［社会的責任感，忠誠心，市民性］	グループやチームの一員としてうまく立ち振る舞う。グループに忠実で，その中で自分のやるべきことを行う。	
	公平さ（Fairness）	公平や正義という概念にしたがってあらゆる人々を同様に扱う。自身の個人的な感情が他者への評価をゆがめることを許さない。皆に公平にチャンスを与える。	
	リーダーシップ（Leadership）	グループへの動機付けと調和の形成。自分が属するグループが物事を達成できるように力づけると同時に，グループ内でよい人間関係が保たれるように尽力する。グループのメンバーが活動しやすいように支援し，実現できるように動く。	
節制（Temperance）過剰を抑制する強み群	寛容さ／慈悲心（Forgiveness）	過ちを犯した人をゆるす。人にやり直すチャンスを与える。決して復讐心をもたない。	
	慎み深さ／謙虚さ（Modesty）	自分の業績を自慢せず，自ずから明らかになるのに任せる。自分自身が脚光を浴びることを求めない。ありのままの自分以上に自分のことを特別だとは考えない。	
	思慮深さ（Prudence）［慎重さ］	注意深く選択する。不必要なリスクは決してとらない。後悔するような言動はとらない。	
	自律心（Self-regulation）［自制心］	自分の気持ちや振る舞いをコントロールする。規律正しい。自分の食欲や感情をコントロールする。	
超越性（Transcendence）森羅万象に通ずる，意義をもたらす強み群	審美眼（Appreciation of Beauty and Excellence）［畏敬，驚嘆，崇高］	美と卓越性に価値をおく。人生のあらゆる領域，つまり自然から芸術，数学，科学，日常の経験にいたるまで，そこに美や，卓越性，あるいは熟練の技を見出し，それらの真価を認める。	
	感謝（Gratitude）	自分や周りに起こったよい出来事に目を向け，それに感謝する心をもつ。そして，感謝の気持ちを表す時間をもつ。	
	希望（Hope）［楽観性，未来志向］	素晴らしい未来を描いて，それが達成できるように努力する。よい未来がもたらされると信じる。	
	ユーモア（Humor）［遊戯心］	笑いやいたずらを好む。人に笑いをもたらす。明るい面を見る。ジョークを考える（必ずしも口にしなくてよい）。	
	スピリチュアリティ（Spirituality）［宗教性，信念，目的意識］	より高次の目的や，森羅万象の意味について，一貫した信念をもつ。より大きな枠組みの中で自分がどこに適するのかを理解している。有意義な人生について信念をもっており，信念に基づき行動し，やすらぎを感じる。	

表 3-4　VIA 徳性の強みリスト

美徳	強み	説明	◎△×
知恵と知識 (Wisdom and Knowledge) 知識の習得と活用を伴う認知的な強み群	創造性（Creativity） [独創性，創意工夫]	物事を行うのに目新しく，生産性の高いやり方を考える力。芸術的な成果を含むがそれに限定されない。	
	好奇心（Curiosity） [興味関心，新奇探索傾向, 経験への積極性]	今起きているあらゆる経験それ自体に興味をもち，主題やテーマに対して興味深いと感じる。探求心を発揮して新しいことを発見することを好む。	
	知的柔軟性 (Judgement) [総合判断力，批判的思考力]	あらゆる角度から物事を考え抜いて検討する。決して安易に結論に飛びつかない。証拠に照らして判断を変えることができる。あらゆる証拠に対して等しく重きを置く。	
	向学心 (Love of Learning)	新しいスキルや知識体系を身につけることは，独学でも正式な教育による場合でも明らかに好奇心の強みに関係しているが，好奇心の枠に留まらず，既知の知識についても体系的に理解を深める傾向がある。	
	大局観 (Perspective) [知恵]	人に対して賢明な助言ができる。自分にとっても，また他の人にとっても納得できるような，全体を俯瞰する視点をもっている。	
勇気（Courage） 外部または内部の反対にあっても目的を達成するという意思の発揮を伴う感情面の強み群	勇敢さ（Bravery） [勇気]	脅威や，試練や，困難や，苦痛などに決してひるまない。反対にあっても正しいことをきちんと言う。支持が得られなくても信念に基づいて行動する。身体を張るような勇敢さを含むがそれに限らない。	
	忍耐力 (Perseverance) [我慢強さ，勤勉さ，完遂力]	始めたことを最後までやり遂げる。困難にあっても粘り強く前進し続ける。必ず課題を終わらせる。課題をやり遂げることに喜びを見出す。	
	誠実さ（Honesty） [真正さ，正直さ]	真実を語る。自分を誠実に語る。偽りなく存在する。自分の気持ちと行動に対して責任をもつ。	
	熱意（Zest） [活力，意欲，気力，エネルギー]	感動と情熱をもって生きる。物事を中途半端にしたり，いい加減にすることはない。人生を冒険のように生きる。いきいきしており，活動的。	
人間性 (Humanity) 他者を思いやったり，力を貸したりすることを伴う対人的な強み群	愛情（Love）	愛し愛される力。人との親密性，特に互いに共感し合ったり，思いやったりする関係に重きを置く。人と親しむ。	
	親切心（Kindness） [寛大さ, 心遣い, 配慮, 利他愛]	人に親切にし，人のためによいことをする。他人を助け，面倒をみてあげる。	
	社会的知性 (Social Intelligence) [情緒的知性，対人関係力]	他者および自分自身の動機や感情を意識している。異なる状況においても，そこでの適切な振る舞い方を知っている。他者を動かすにはどうすればよいかを知っている。	

すのに苦労しないものを意味します。最後の「活力が湧く（Energizing）」はエネルギーが湧く、つまり、その強みを使っているとき、ワクワクしたり、いきいきとしてくるものを意味します。「自分らしく、自然とできて、エネルギーが湧いてくるもの」という三要素を確認することで、その人の「特徴的な強み」がより明確に特定できるのです。たとえば、ある不登校の男の子に自分の好きな漫画について尋ねてみると、非常にいきいきした表情で話しはじめました。どんなところが好きかを尋ねると、「前頁で、『ああ、ここでこういう発言を登場人物がしていたから、こうなったんだ』と、登場人物の発言に伏線があることに気付くのがとても面白い」とのこと。原因と結果のパターンをみつけることが好きな彼の「徳性の強み」は、「知的柔軟性（Judgement）」という客観的に分析する「強み」でした。「知的柔軟性」という「強み」について「自分らしい」と思うかどうかを尋ねてみると、「しっくりくる」という返事が返ってきました。中学時代の好きな教科は数学で、中でも証明問題が最も好きだったと言うのです。「A⇒BでB⇒C、だからA⇒C」と考えていくのが好きで、数学でなくても、いつも頭の中でそうやっているというのです。それも、自然と苦労せずに。その「知的柔軟性」を使っているときの話の表情からも、この三要素が含まれていると判断でき、これは彼の「特徴的な強み」だと明確に言えるのです。この三つの要素はお子さんの「強み」を見つけるときに非常に役立ちますのでぜひ覚えておいてください。ちなみに、この三つの要素の中でも「自然とできる（Effortless）」が「特徴的な強み」を特定するのに最も役立つと言われています。もしその「強み」が「自然とできる」ものであれば、その人の「特徴的な強み」かもしれないと頭の片隅に入れておいてください。

さて、本題に戻ります。「強み」を見出すのにリストから選ぶという方法でしたが、この三つの要素がすべて満たされるものに「◎」、ちょっと微妙かもと思うものに「△」、そしてこれは違うなと思うものに「×」を順につけていくと、自ずと「◎」をつけるものがいくつか出てきます。それがお子さんにとっての「特徴的な強み」です。お子さんの「強み」を見出すために、42〜43頁の表3-4のリストを用いて、お子さん本人にそれぞれの「強み」の説明を①自分らしいか？②自然とするか？　③活力が湧いてくるか？　と自問自答しながら読み進めてもらい、三つがすべてあてはまるものを五つ選ばせてみてください。考え込んでしまうものは「△」でひとまず保留にし、ドンドン進めていくと、そのお子さんならではの「特徴的な強み」を見出すことができます。

「強み」を多角的に吟味する

「強み」のリストを用いて選んでいくと効率よく「特徴的な強み」を見出すことができますが、一方、お子さんが主観的に選んだものであるため、果たして本当にそのお子さんの「強み」を的確に反映しているかわからない場合もあります。自分の背中を直接見ることができないように、そのお子さんが気付いていない「強み」もひょっとしたらあるかもしれません。そのため、さらにお子さんの「強み」を明確にするために、多角的な視点も必要になります。ポジティブサイコロジーを臨床現場で活用しているタヤブ・ラシッド先生は、患者さんに自分で「強み」リストから選んでもらうだけでなく、診断アセスメントを受けてもらったり、自分のことをよく知る人に「強み」リストからその患者さんの「強み」を選んでもらうことを推奨しています。不登校やひきこもり支援でも、私はお子さん本人に「強み」リストから選んでもらい、その後、別途、親御さんや先生にも、そのお子さんの「強み」を五つ選んでもらいます。親御さんや先生はお子さんが選んだ「強み」と同じものを選ばれることもありますし、別の「強み」を選ばれることもあります。もしお子さんが選んだものと親御さんや先生が選んだものとが異なる場合、なぜそれを選んだのかを話し合ってもらいます。人間であれば誰しもが大なり小なり二四種の「徳性の強み」をすべてもっていますので、正解・不正解はありません。ここで親御さんや先生がその「強み」を選んだ理由をお子さん本人に伝えてあげると、彼らにとっては自分が気づいていなかった「強み」を発見できるチャンスになります。重要なのは、それを選んだ理由です。過去の具体的なエピソードをもとにその理由を伝えてあげると、「確かにこれも自分の強みかも」と自分のプラス面を受け入れやすくなります。お子さんは、親御さんや先生と話し合った後に自分が選んだ五つの「特徴的な強み」を変えても構いませんし、元のままでも構いません。要は、自分の「強み」をより多角的に吟味することが目的ですので、ぜひ、お子さんの「強み」をさらに明確にするためにも、お子さん本人だけでなく、47頁の表3-5を活用して、親御さんや先生も、その子の「強み」を五つ選んでみてください。

表 3-5　特徴的な強み（Signature Strengths）

徳性の強み	診断テスト	自分	他者①	他者②
創造性				
好奇心				
知的柔軟性				
向学心				
大局観				
勇敢さ				
忍耐力				
誠実さ				
熱意				
愛情				
親切心				
社会的知性				
チームワーク				
公平さ				
リーダーシップ				
寛容さ／慈悲心				
慎み深さ／謙虚さ				
思慮深さ				
自律心				
審美眼				
感謝				
希望				
ユーモア				
スピリチュアリティ				

「強み」をストーリーからみつける

最後の「強み」の見出し方は、お子さんが診断テストも受けない、リストをみせてもいまいちピンとこないというときに有効です。この方法は、「ストレングス・スポッティング」と呼ばれる技法で、日常生活の会話の中から、自然とお子さんの「強み」をみつける方法になります。

ところで、唐突ですが、皆さん、桃太郎の「強み」って何だと思いますか？　ある人に聞くと「勇敢さ」と答え、またある人に聞くと「リーダーシップ」という答えが返ってきました。それぞれの人に理由を聞くと「勇敢さ」と答えた人は「鬼ヶ島という恐ろしい場所に向かっていったから」という理由で、また「リーダーシップ」と答えた人は「サルや犬など、チームをうまくまとめていったから」との答えでした。私たちは、なぜこのように桃太郎の「強み」をみつけることができるかというと、桃太郎の「物語」を知っているからです。そうです、最後の「強み」の見出し方は、お子さんのストーリーからみつけるという方法です。お子さんの実体験のストーリーからどの「強み」が現れているのかを吟味し、彼らの「特徴的な強み」をみつけていくという方法です。ストレングス・スポッティングの利点は、彼らが話す生のストーリーから「強み」を導き出すため、彼らがより腑に落ちた形で「強み」をみつけることができるという点です。イギリスのポジティブサイコロジーの心理学者であるアレックス・リンレイ先生は、何千もの人を対象にインタビューをした結果、人は「強み」を活かしたときの話をしているとき、以下のような傾向があることを発見しました。

- 声のトーンがより上がる
- 声のボリュームがより大きくなる
- ジェスチャーが増える
- 目がパッチリ開く
- 比喩（メタファー）をより使う
- 背筋が伸びる
- 眉毛が上がる

お子さんが過去の出来事について話しているとき、このようなサインが見受けられたら、もしかするとその子の「特徴的な強み」が現れていた出来事なのかもしれません。たとえば、ある学校の先生が週末にあった出来事について話しているとします。「週末に○○講座に参加してたんだけど、めっちゃ面白かった！　というのも、今まで○○のことを○○と思ってたんだけど、実は違っていて、本当は○○なんだって！　すごくない⁉」……紙面上の文章でも、この先生がいきいきしている姿を思い浮かべることができますよね？　この先生の内的な「強み」は、まさに

○○講座を受けていた瞬間に現れていた可能性が高いのです。実際に「強み」が発露しやすい瞬間というものがありますので、以下、まとめてみました。それらの瞬間について、お子さんに質問して、ぜひ、そのストーリーの中から、彼らの「強み」をスポットしてみてください。

表 3-6 「強み」を見つけやすい瞬間と質問

質問①	これまでで最高の一日ってどんな日だった？ （最高の瞬間）
質問②	これまでの人生で最も誇りに思う瞬間は何？ （誇り）
質問③	時間も忘れて没頭するのはどんなとき？ （フロー状態）
質問④	これまで，どんなことが，比較的に速く習得できた？ （習得の速さ）
質問⑤	とてもうまくいったとき，自分でも「一体どうやってやったんだろう？」と思ったときはある？ （優秀さが垣間見られる瞬間）
質問⑥	自然と惹き込まれてしまうものや活動って何？ （熱望）
質問⑦	何をやっているときにワクワクする？ 「またやりたいな」と思うようなことってある？ （満足感）

お子さんにこれらの質問をして、彼らのストーリーを引き出せたなら、次に二四種に分類された「徳性の強み」の中から、そのストーリーに現れている「強み」を推測して、お子さん本人と共有してみてください。もしその「強み」の言葉がお子さんにとって、しっくりくれば、その「強み」はその子にとっての「特徴的な強み」です。もししっくりこなければ、このタイミングで「強み」のリストをみせながら、そのストーリーの中に現れていた「強み」を探し、「特徴的な強み」をみつけていってください。このストレングス・スポッティングは一つのスキルになります。

二四種の「強み」を頭の中に入れておけば、お子さんのさまざまなストーリーから「強み」を見出していくことが誰でもできるようになります。少し、練習してみましょう。たとえば、以下の文章は私が時間も忘れて没頭する瞬間についてです。私のどの「特徴的な強み」が現れているかを推測してみてください。

> 私はポジティブサイコロジーの講演を行うための事前準備でパワーポイントのスライドを作成しているとき、よく時間も忘れて没頭してしまいます。一度作ったスライドも、「もっとこうした方がより伝わるだろう」「もっとこのメッセージをシンプルに分かりやすく伝えることができる写真はないだろうか」とより良くするために調べ出したら、あっという間に時間が経っていきます。お昼にパソコンを開いて作成し出したら、あっという間に夕方だったということがよくあるんです。その後、夕方に外に出てみると、たまに真っ赤な夕日に出くわします。「うわぁ〜」とただただ見惚

れてしまうときもまた時間を忘れてしまう瞬間です。こんな日は時間を忘れてばっかりで大丈夫かとも思いますが、とても充実した日だったと感じます。

表 3-7　VIA 徳性の強みリスト

創造性	好奇心	知的柔軟性	大局観
向学心	勇敢さ	忍耐力	誠実さ
熱意	愛情	親切心	社会的知性
チームワーク	公平さ	リーダーシップ	寛容さ
慎み深さ	思慮深さ	自律心	審美眼
感謝	希望	ユーモア	スピリチュアリティ

私の没頭したときのストーリーを例に挙げてみましたが、いかがでしょうか？　どの「強み」が現れていると思いますか？　より卓越したものに近づけようとするとき、また自然の雄大さに畏敬の念を感じるときに時間を忘れがちになるのですが、これは「審美眼」という私の「特徴的な強み」の一つが現れている瞬間です。自然の美しさや職人技などに、とても惹かれてしまうのです。「審美眼」というストレングス（強み）をスポットすることはできましたか？

それでは次のストーリーは私が実際に関わった二〇歳のひきこもりの男の子のストーリーです。この男の子は二年間ひきこもっていましたが、この子のストーリーを聴いて、彼の「特徴的な強み」を三つ挙げてみてください。

時間も忘れて没頭しているときだと最近だったら、ウイイレ（サッカーゲーム）をオンラインでやっているときがやっぱり時間が経つのが早いっすね。チームで話し合いながら、やっぱり仲間とやるのが楽しいっす。基本的にオフラインで一人でやるゲームは面白くないのでやんないっす。サッカーのポジションっすか？　今のチームだったら、自分はボランチとかが多いっすね。なんか周りを活かしている感じがあって俺は好きっす。別にフォワードで点取って目立ちたいとかあんまりないんすよ。それよりもなんか縁の下の力持ちというか、なんか実はそのフォワードの活躍を支えてたっていう方が俺は好きっすね。まあいつもチームでは調整役というか、なんか声聞いてわかるんすよ。今、このチームメンバー、ちょっと機嫌が悪いなとか。そうしたときにやっぱ声のかけ方変えて、こうチームをまとめていくってゆうか。そういうことしながら試合で勝つのが一番嬉しいっすね。この前、それで韓国のチームに勝ったんすよ……（続く）

オンラインゲームで没頭したときの経験を話すこの子の「特徴的な強み」は何でしょうか？　実際に診断アセスメントを受けてもらい、分類表からも選んでもらったのですが、彼の「特徴的な強み」は「チームワーク」「慎み深さ」「社会的知性」でした。一人用のゲームではなく、皆でやるゲームが楽しいと感じたり、「ボランチ」という周囲を活かすポジションに喜びを見出しているところなど、「チームワーク」が出ていますよね。また、皆が皆、「縁の下の力持ち」に自

表3-8　VIA徳性の強みリスト

創造性	好奇心	知的柔軟性	大局観
向学心	勇敢さ	忍耐力	誠実さ
熱意	愛情	親切心	社会的知性
チームワーク	公平さ	リーダーシップ	寛容さ
慎み深さ	思慮深さ	自律心	審美眼
感謝	希望	ユーモア	スピリチュアリティ

分らしさを感じるとは限りません。「慎み深さ」が「特徴的な強み」の彼ならではの感覚です。また、オンラインの声を聞いて相手の感情を推測して合わせていくところなど、「社会的知性」が活きていますよね。ちなみに、ずっと部屋に引きこもり、ゲームをしていた二〇歳の男の子を「チームワーク」「慎み深さ」「社会的知性」というレンズを通してみたら、どのように映りますか？「この子のどこが悪いんだろう」だけでなく、「へ〜意外。『チームワーク』や『社会的知性』っていう『強み』もあるのねこの子……この『強み』をどうやってもっと活かせることができるのかな」と、未来志向で建設的な対話にもっていけそうなイメージが湧きますか？　自分の中にこの二四種の「強み」の言語があると、ゲームの会話の中からでも、このようにお子さんの「強み」を見出していくことができ、前に進むための会話に切り換えていくことができるのです。また、こちらの「決めつけ」にならないように、「強み」をスポットしたら、理由を

添えて、お子さん本人にその「強み」の言葉がしっくりくるかを尋ねてみてください。お子さん本人も納得するようでしたら、それはその子の「強み」です。ストーリーから「強み」をみつけていくことに関して、だいぶ慣れてきましたか？

では、いよいよ、皆さんが関わるお子さんの「強み」を彼らのストーリーからみつけていきましょう。先程、学んだように「強み」が現れやすい瞬間の一つに、「時間も忘れて没頭したとき」というものがありました。私の経験上、多くの不登校やひきこもりのお子さんはゲームをしている際にとても熱中して没頭しているときがよくあります。ある子は格闘ゲームに没頭し、ある子はＲＰＧやＦＰＳに没頭します。ポジティブサイコロジーで言われる「強み」というのは、内的なものであるため、ゲームの世界であろうとリアルの世界であろうと関係ありません。ですから、このゲームの中での成功体験や没頭した瞬間を丁寧に聴いていくと、彼らの「強み」を見出すことができるのです。たとえば、ある不登校の男の子は、チーム戦のオンラインゲームで特に敵から逃げ回るゲームに没頭していました。ハシゴに上ったり、敵が上っているハシゴを壊して、とにかく敵から逃げ回るゲームらしいのですが、逃げ回って逃げ切ったときが最も面白いというのです。ＶＩＡの「徳性の強み」を頭に入れてこの話を聴いていると、「思慮深さ」という「強み」が現れていることに気付くでしょう。皆が同じゲームに没頭するのであれば「特徴的な強み」を特定するのは難しくなりますが、全員が全員、この逃げ回る行為に熱中するとは限りません。つ

表 3-9　VIA 徳性の強みリスト

創造性	好奇心	知的柔軟性	大局観
向学心	勇敢さ	忍耐力	誠実さ
熱意	愛情	親切心	社会的知性
チームワーク	公平さ	リーダーシップ	寛容さ
慎み深さ	思慮深さ	自律心	審美眼
感謝	希望	ユーモア	スピリチュアリティ

まり、このゲームは、彼の「思慮深さ」という自分の「特徴的な強み」が使えるから好きになったともいえるのです。ある高校生の男の子は、モンスターなんちゃらという、モンスターとモンスターを融合させて新しいモンスターを創るというゲームにハマっていました。「新しいものを創り上げるこのロマン、わかります？」と。この発言から、「創造性」という「強み」が垣間見えてきますよね。よくラポールを築くためにゲームや趣味の話をお子さんとしたり、また親御さんや先生も彼らと話を合わせるために、（興味のない）そのゲームを勉強したりしようとされます。もちろん、相手を理解しようとするその行為やご姿勢はとても素晴らしいのですが、それ以上に重要なことは、「なぜそのゲームに没頭するのか？」「なぜそのキャラクターが好きなのか？」「なぜその瞬間に喜びを感じるのか？」という彼らを「駆り立てるもの」を把握することです。そうすれば、自然とその子ならではの「特徴的な強み」が浮き彫りになってきますので、

ぜひ、お子さんのストーリーから右の表を参考に「特徴的な強み」をみつけてください。

ちなみに、なぜ会話から「強み」を見出すとき、没頭している瞬間をお勧めするのかというと、自然とできることでないと人はなかなか没頭しづらいですし、没頭しているときというのは、ポジティブサイコロジーでいう「フロー状態（時間の感覚を忘れ、その行っている活動とあたかも一体となっている感覚）※」になっており、この状態はある種の幸福感をもたらすと言われており、活力も湧いている状態だからです。そのため、人は何かに没頭しているとき、必ず「強み」を活かしていると言われています。お子さんの「強み」をみつける前に、まず皆さんもご自身の過去の没頭した経験を思い出し、自分の「特徴的な強み」がどれかを検討してみてください。きっと腑に落ちるものが一つ、二つ現れていると思いますので、ぜひ、お試しください。

※フロー状態

ポジティブサイコロジーの研究者であるミハイ・チクセントミハイ先生が提唱した理論。フローとは「時間の感覚を忘れ、自分自身の心理的エネルギーが一〇〇%、今取り組んでいる対象へと注がれている状態」であり、マラソン選手がランナーズハイになっている状態やシェフが集中して料理を作っている状態などがそれにあたります。チクセントミハイ先生はフロー状態が起きるのは主観的な「自分の能力」と「タスクの難易度」がよいバランスを保っている瞬間だと説明しています（図3-1）。自分の能力が低く、タスクの難易度が高ければ、不安になり、反対に能力が高く、タスクの難易度が低ければ退屈になってしまいます。「自分の能力」と「タスクの難易度」が名勝負を繰り広げる状況下で人はフロー状態に入れるのです。実体験をもっても思わず頷いてしまう理論ですよね。ぜひ、不登校やひきこもりのお子さんにも没頭した瞬間のお話を尋ねてみてください。

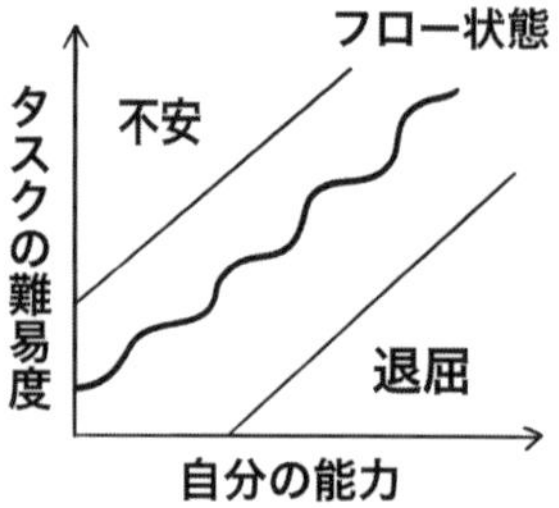

図3-1　フロー状態

「強み」の育て方

不登校やひきこもりのお子さんが自分自身の「強み」（花）をみつけたなら、次に、その強みを育てていく必要があります。「雑草」ばかりに囚われているセルフイメージを変容させ、「花」の割合を増やすことに取り組むために、ここでは、「強み」（花）の育て方をいくつかご紹介させていただきます。「強み」を育てるための「型」を学び、彼らの「花」を確実に咲かせていきましょう。

「強み」を育てる三つのステップ（ＡＥＡモデル）

ポジティブサイコロジーでは、「強み」を育てる上で非常に役立つフレームワークがあり、このフレームワークに従って会話を進めていくと、自分の「花」を理解できるだけでなく、その「花」の美しさを認めて、満開になるよう行動していくことができます。このフレームワークは「ＡＥＡモデル」と呼ばれ、「Aware（認識）－Explore（探求）－Apply（応用）」の頭文字の略になります。

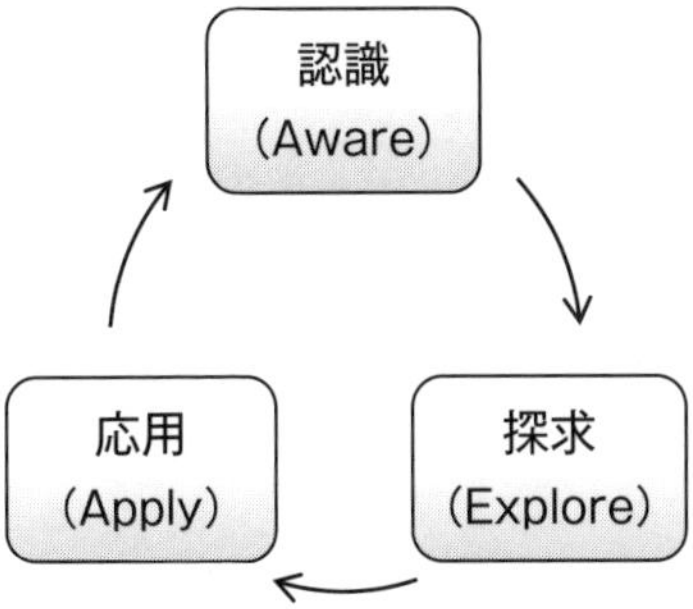

図 3-2　AEA モデル

一つ一つのステップを詳しくみていきましょう。まずは、「認識（Aware）」です。これは自分自身がどんな「強み」をもっているのか、そしてその「強み」は自分にとってどんな意味があるのかを理解するステージです。先程みてきた三種類の「強み」の見出し方によって、「強み」を特定するフェーズですね。自分の「花」は何なのか？　まだ咲いていなくとも、どんな「種」をもっているのか？　を把握するステージです。次の「探求（Explore）」は、その「花」の美しさや価値を自らが認めるフェーズになります。自分自身にこんな「強み」があったんだと理解したとしても、その「花」の価値を自分自身が認めていないと、それをさらに育てたいとは思いませんよね？　この「探求(Explore)」のステージで、しっかり自分の「強み」がもつ価値を認めることができると、自己肯定感が高まりますし、「こんな強みがあるんだったら、将来、こんなことができるかも」と希望の光が差し込んできます。自己肯定感が低いお子さんを相手にする場合は、特にこの「探求（Explore）」のステージに十分、時間を割きたいところです。そして、お子さんが自分の「花」の美しさに気付くことができたら、最後の「応用（Apply）」ステージに移ります。これは実際に「強み」をリアルの世界で活用していくステージです。ちょっとした目標をつくって、自分の「強み」を活かしてみたり、半歩でも進めたら、その成長や前進を祝福していきます。赤ちゃんがハイハイするようなスピードの前進であっても、ちょっとでも進んだら、どの「強み」が活きたのかを振り返らせ、また次の半歩へと繋げていき、その子ならではの「花」を咲かせていきます。それでは、すでに「認識（Aware）」のステージはみてきましたので、次の「探求（Explore）」ステージを具体的にみていきましょう。

「強み」のよい側面を話し合う

「探求（Explore）」ステージにおける一つ目の「強み」（花）の育て方は、自分がもつ「特徴的な強み」のよい側面を考えていく方法です。多くの不登校やひきこもりのお子さんはこれまで「雑草」ばかりをみて、自分は駄目だと思い続けてきています。彼らに自分の「花」にも目を向けて、自己肯定感を高めてほしいと願うものですが、自分のことを認めるって、なかなか難しいことですよね。特に日本では自分を卑下することが美徳とされているため、自分のことを褒めたり、認めたりするのは実にやりづらいものです。そこで、私はお子さんの中から、ドラゴンボールのように、彼らの「特徴的な強み」を取り出し、その「強み」の素晴らしいところや役に立つ状況など、その「強み」がもつ価値について一緒に話し合っていくことをよくします。この「強み」のよい側面を一緒に話し合うエクササイズの利点は、自分が本来もっている「強み」を一旦、自分と切り離し、客観的にその「強み」のよい部分を考察していくので、自分を褒めなくても、結果的に自分のよい部分を認めることになっている点です。たとえば、不登校やひきこもりのお子さんが「好奇心」を自分の「特徴的な強み」としてもつのなら、「好奇心」そのもののよさについて本人の口から言ってもらいます。「好奇心」があると、「新しい体験に積極的になれる」「人に向かうと相手に興味をもたせてくれる」「新しい発見へと誘ってくれる」など、「好奇心」のよさを挙げてもらうのです。またチームにその「強み」をもつ人がいたら、どう役に立つのかも考えてもらうことで、他者に与える価値についても目を向けさせることができます。たとえば、チームに「好奇心」が強い人がいたら、「色んな情報を集めてきてくれそう」「新しいチャレンジに対してポジティブな勢いを与えてくれそう」などです。もしお子さんが思いつかないときは、遊び感覚で、一緒にどんどんアイデアを出し合ってみてください。お子さん本人が気付いていなかった「強み」の利点（つまりは、自分のよさや可能性）に気付くチャンスがここにあるのです。この「強み」のよい部分を考えることによって、お子さんは「自分にも、そのようなよい面があったんだ！」という事実に気付いていきます。自己批判をしがちなお子さんでも、「自分」と切り離されることで、客観的に「強み」のよさを挙げることができますし、あまり恥ずかしさを伴わずに、自分を認めることができます。また、人によっては自分の「強み」って素晴らしいなあと、しみじみと感謝できるようになります。ぜひ時間をとって、お子さんと一緒に「強み」の素晴らしい側面について話し合ってみてください。

【「花」の育て方①】 1 「強み」のよい側面を話し合う

「特徴的な強み」に関して、お子さんと以下の質問に対して一緒に話し合ってみましょう。

質問① この「強み」のよい部分って何だと思う？
質問② この「強み」をもつ人がチームにいたら、どんな貢献ができると思う？
質問③ この「強み」で、どのように周りの人が喜んでくれると思う？
質問④ この「強み」って、「強み」に分類されているんだけど、どうしてだと思う？

お子さんがその「強み」のよい側面を十分に認識したと思ったら、「なるほどね。つまり、そういうよい部分や可能性が君の中にあるってことだから」と、取り出した「強み」を本人の中に戻してあげてください。もしかすると、今はそのようなよい部分はないと思うお子さんもいらっしゃるかもしれませんが、少なくとも、彼らに「可能性」をみせることはできます。自分で「強み」のよい側面をいろいろと挙げておきながら、多くのお子さんがそういう部分を自分がもっていることに気付いていないのです。ですから、お子さんと「強み」のよい部分を十分に話し合ったと思ったタイミングで、「そういう部分が君の中にある」ということ、または、その可能性があるということをぜひ、お子さんに伝えてあげてください。

「強み」と過去の成功体験を紐づける

二つ目の「強み」（花）の育て方は、お子さんの過去の成功体験と「特徴的な強み」を紐づけていく方法です。自分の成功は決して偶然に起こったものではなく、自分の「強み」を活かした結果だったと自覚することでエンパワーしていく方法になります。今は不登校やひきこもりの状態かもしれませんが、たとえば、昔、学校に行っていたときの話でも、習い事の話でも、本人が「あのときはよくやった」と思える経験であれば何でも構いません。ポジティブサイコロジーの「強み」の研究では、「成功には成功のパターンがあり、失敗には失敗のパターンがあるため、成功したければ成功から学べ」という考えがあり、また成功体験には必ず自分の「強み」が使われていると考えられています。ですから、お子さんに自分の成功体験を分析させることは、彼らの「強み」がそのとき、どのように活きていたのかを自覚するのを助け、その子ならではの勝ちパターンが明らかになっていきます。また、自分の「成功体験」と「強み」を紐づけることで、「次もこの状況を作ればできるかもしれない」という「自己効力感(できるかもしれないという感覚)」や、自分が「強み」を活かしたから成功したのだという「主体者」としての自覚ももてるようになり、自己肯定感が高まっていきます。自分に自信がない人や悲観的な人はポジティブな結果を出したり、成功しても、「今回はたまたま成功した」と単なる偶然に捉える傾向にあることが研究で明らかになっています。ですから、彼らの過去の成功は偶然の産物ではなく、自分の「強み」を活かした結果だったというふうにお子さんの見方を変えていきたいところです。私たちの脳はネガティブなものがこびりついて残りやすく、ポジティブなものはツルツル滑って残らないことを前章で学びました。そのため、今一度、改めてお子さんに過去の成功体験を振り返らせ、彼らにそのとき、どの「強み」が活きていたのかを確認させてください。もちろん、「成功」の定義は人それぞれ異なりますので、なかなか成功そのものを思い出せないお子さんもいらっしゃいますが、些細な出来事でも構いませんので、ぜひ、考えさせてみてください。

【「花」の育て方①】　2「強み」と過去の成功体験を紐づける

「強み」を特定した後に、過去の成功体験を話してもらい、その成功にどの「特徴的な強み」が貢献していたのかを話し合ってみましょう。

> (例) よく人は成功するとき、必ず自分の「強み」を活かしているって言われるんだけど、ゲームの中でもリアルの中でも、「これはよくできた」とか、どんな些細なことでもいいから成功した体験について、教えてくれる?

もし、お子さんが成功体験を話してきたら、「どの強みが活きていたと思う?」と尋ね、「成功体験」と彼らの「強み」を紐づける手助けをしてください。そうすることで、またこの「強み」を活かせば、あのときのような成功を生み出せるかもしれないと希望をもたせることができます。また、「自分には成功体験がない」と仰るお子さんもいらっしゃいますので、その場合は、オンラインゲーム等のバーチャルな世界での成功体験を思い出させてみてください（具体的な例は第八章の体験談をお読みください）。

また、お子さん本人の「成功」の基準が高すぎるために、「自分が成功した」と認識できないお子さんもいらっしゃいます。その場合は、「今の段階での成功」もしくは「まあまあだった体験」を振り返られるのも一つの手です。いずれにしても、彼らの人生はこれからも続いていきますので、成功するたびにその体験を分析させ、自分の「強み」と紐づける習慣をつけさせたいところです（し、皆さんにも、反省点ばかりに目を向けるのではなく、ちょっとした成功や進歩も見過ごさずに丁寧に分析するのを手助けしてほしいと思います）。

「強み」を過去の逆境体験に紐づける

次の「強み」（花）の育て方は、これまで自分が歩んできた人生の中で「強み」がどのように自分を助けてくれていたのかを確認する方法です。先程、ご紹介した成功体験との紐づけは、過去から現在までの人生を山あり谷ありの折れ線チャートで表した場合、山の頂上（人生における絶頂の時期）のことについてでした。今回の育て方は、谷の部分（人生における最悪の時期）から復活する際にどの「強み」が活きていたのかというV字回復の体験を検討する方法です。人は成功体験だけでなく、挫折経験から這い上がるときもこの「特徴的な強み」を使っていると言われています。私はよく不登校やひきこもりのお子さんで本人の了承があれば、これまでの人生を山あり谷ありのライフチャートで表してもらい、山の頂上（つまり、成功体験）と「強み」を紐づける一方、谷底から這い上がってきたキッカケやストーリーについても伺い、どの「強み」がしんどかったときに救ってくれたのかを一緒に検討します。このプロセスを通して、彼らは自分がもつ「強み」に感謝できるようになるのです。ちなみに「強み」は自分の一部でもありますから、このことは自分自身に感謝するのと同じ意味です。自己肯定感が低いお子さんは自分で「自分」を批判します。それは自分が「自分」をイジメているようなものですが、このワークを行うことで、「自分」との関係性が「いじめモード」から「感謝モード」に変わる可能性があります。今、不登校やひきこもりの状態で谷底にいると感じているお子さんでも、もし過去にも谷底に落ちた経験があり、そこから立ち上がってきた経験があるならば、そのストーリーを素通りせずに、そのときどの「強み」が自分を助けてくれたのかをしっかり話し合い、それが今の状況でどのように応用できるかを検討したいところです。

【「花」の育て方①】　3「強み」を過去の逆境体験に紐づける

不登校やひきこもりのお子さんに対して、これまでの人生を、68頁のような折れ線チャートで表してもらってください（図3-3）。そして、まずはピーク時（成功体験）にどの「強み」が活きていたのかを伺ってください。次に、谷底からV字に上向きになったときに何があったのかを思い出させ、どの「強み」が助けてくれたのかを話し合ってください。従来の心理学は谷底に落ちるプロセス（問題）ばかりが議論されていましたが、ポジティブサイコロジーは「成功体験」と「這

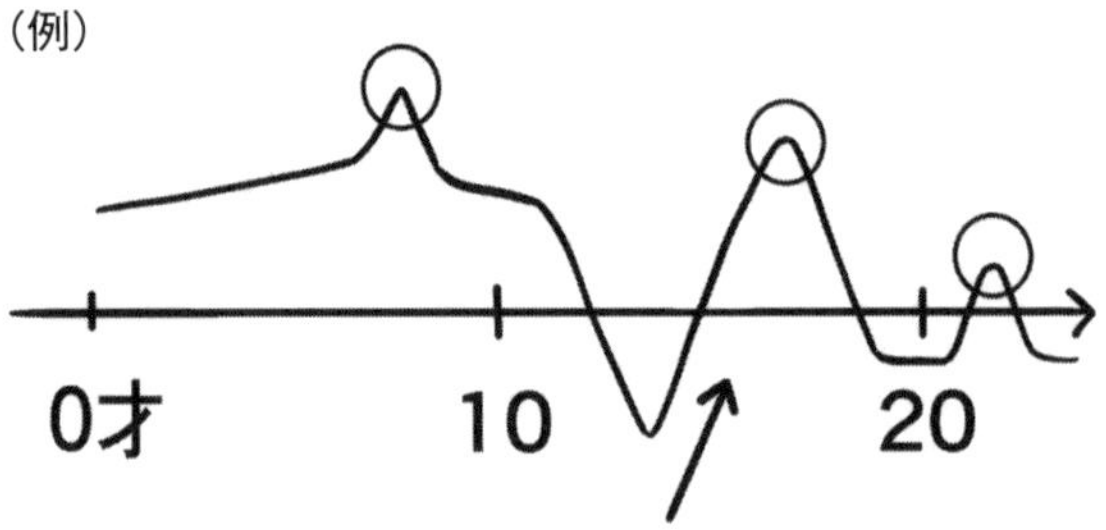

図 3-3　ライフチャート

い上がってきたプロセス」でどの「強み」が活きていたのかを分析し、それを未来に応用していくアプローチです。お子さんによっては過去を振り返りたくない子もいらっしゃいますので、このワークをする前に、まずは了承を得ていただきたいと思います。

このライフチャートに自分の「強み」を反映していくと、よく何かしらのパターンがみえてきます。たとえば、ピークのときはいつも憧れのなりたい人がいて、その憧れの姿に近づこうと努力していたという「希望」が現れ、挫折から這い上がってくるときはいつも自分の至らなさを自覚し、一歩一歩、取り組んでいこうという「慎み深さ」が活きていたなど、人それぞれのパターンが出てきます。苦しかったとき、自分の「強み」が自分を助けてくれたんだということに気付けると、その「強み」に感謝できるようになり、もっとその「強み」を育ててみたい、もっとよりよく使いたいという気持ちが芽生えてきます。「探求（Explore）」から、最後の「応用（Apply）」ステージに進むときです。

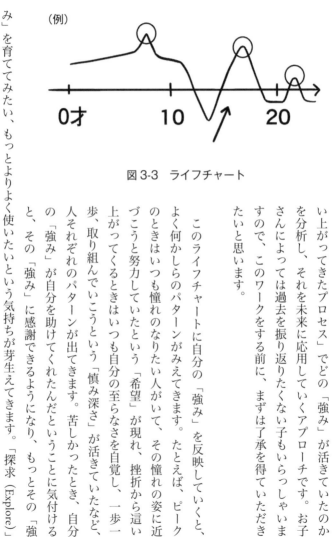

「強み」のボリューム調整を行う

「探求（Explore）」のステージで「強み」のよさを自覚したり、成功体験や逆境体験で自分の「強み」がどのように役立っていたのかを深く理解しはじめると、その「強み」を実際に使ってみたいという「応用（Apply）」ステージに入っていきます。これまでゲームの中だけで活かしていた「強み」をリアルの世界でも試してみる。今の目標や課題に対して、ほんの少しだけ使ってみる。このような試行錯誤を通して、自分の「花」を少しずつ開花させるステージに移っていきます。まずは「強みの育て方」について押さえておきたい重要なポイントがあるので、その点から学んでいきましょう。

「強みを活かす」と聞くと、「強み」をもっと多く使った方がいいと思われますが、ポジティブサイコロジーでは「強み」は「コンテクスト（環境や状況）の中に存在する」という考えがあります。つまり、状況に応じて、「強み」をより多く使った方がよいときもあれば、逆に使い過ぎることによって、「弱み」に転じてしまうこともあるという考えです。「好奇心」という「徳性の強み」を例にとってみましょう。この「強み」は何か新しいものに対する探求心を湧き起こしてくれたり、自分の見識を拡げてくれる「強み」として機能するときもありますが、ある特定の人にこの「好奇心」を使い過ぎてしまうと「詮索好き」になってしまい、嫌われてしまうかもしれ

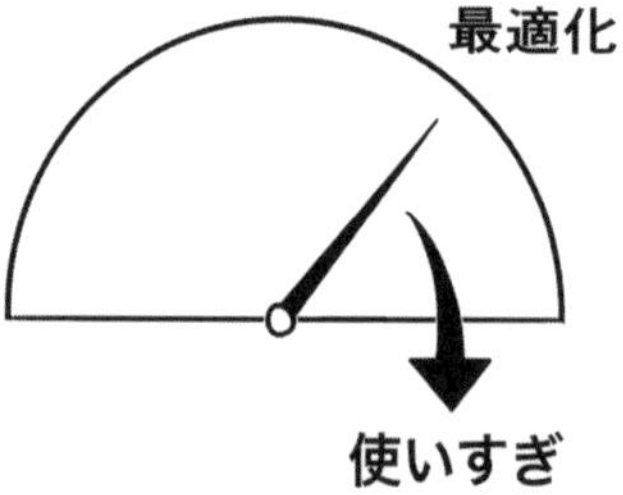

図 3-4　強みのボリューム調整

ません。また、「思慮深さ」というリスクを予防したり、回避したりしてくれる「強み」も、ある状況でこれを使い過ぎると「臆病」になってしまい、何も動けなくなってしまうかもしれません。このように、「強み」というのは、コンテクストによって、ボリューム調整をしていく必要があるのです。ロバート・ビスワス＝ディーナー先生は、この「強み」の特性を次のような図3-4で表しました。

「強み」は固定されたものではなく、スピードメーターのように調整が必要だと捉えるとわかりやすいですよね。状況に合わせて、ボリュームアップ・ダウンする。この強みのボリューム調整をうまくできるようになることが「強みを育てる」ということです。「強み」をときにたくさん使い、ときに制限する。そして、制限した分、他の「強み」を使う。「強み」を適切な状況で、適切な度合いで活かせるように育てていくのが、「応用（Apply）」ステージの醍醐味です。

【「花」の育て方①】4「強み」のボリューム調整を行う

不登校やひきこもりのお子さん本人に自分の「特徴的な強み」を使い過ぎてマイナスに機能するときと、まったく使わずにマイナスに機能するときを両方、考えさせてください。「備えあれば憂いなし」で、そのような状況になったとき、どう対処すればよいかについても話し合ってください。

表 3-10　強みのボリューム調整

「強み」を全然使っていないとき	自分の「強み」が最適なとき	「強み」を使い過ぎているとき
無関心	好奇心	詮索好き

ちなみに、この「強みのボリューム調整」という概念はポジティブサイコロジーの中でも非常に新しいテーマであり、特に臨床分野において、これまで「精神障害」と診断されていた「症状」も「強みのボリューム調整」という観点から新たに捉え直すことができるのではないかという画期的な研究がはじまっています。たとえば、二〇一七年の論文では、「社交不安障害」と診断される方々と健常者にＶＩＡの強みアセスメントを受けてもらって分析した結果、「社交不安障害」は「社会的知性」「慎み深さ」を使い過ぎ、「熱意」「ユーモア」「自律心」「社会的知性」を全然使えていない状態であるという形で八七・三％、的確に説明することができたので

す。また、二〇一九年には、「強迫性障害」と診断された方々と健常者に対して同様の研究が実施され、「強迫性障害」は「社会的知性」「知的柔軟性」「審美眼」「公平さ」「慎重さ」を使い過ぎ、「寛容さ」「自律心」を全然使えていない状態であるという説明で八九・三％、健常者と強迫性障害の方々を分けることができたのです。ＤＳＭによると、これらの「症状」はこれまで「精神障害」として診断されていましたが、ＶＩＡという「強み」の分類からこの「症状」をみると、ある「強み」を使い過ぎている状態、または全然使えていない状態であるともいえるのではないかということが示唆されたのです。前述した通り、現在、精神医学の世界では、「ひきこもり」を新しい「精神障害」に分類しようとする動きがあります。しかし、私は「ひきこもり」という現象は「精神障害」として分類するのではなく、ある「強み」を使い過ぎている、または全然使っていない状態であると捉えた方が健全なのではないのかと密かに思っています。「強みのボリューム調整」という概念は、不登校やひきこもりのお子さんのセルフイメージを向上するのに、とても有効な考え方です。「自分の中に『何か悪いもの（雑草）』があって、それがある限り、自分は駄目なんだ」と思い込んでいる不登校やひきこもりのお子さんが多くいらっしゃいます。しかし、この「強みのボリューム調整」という観点で自分自身の状態をみてみると、「今の苦しい状況は、自分の中に悪いものがあるからなのではなく、ただ強みの使い方を間違っていたからなんだ」と捉え直すことができ、その子に一種のアイデンティティの変容を起こすキッカケを提供できるのです。「この完璧主義の頑固な性格を直さなければ自分はまともになれないと思っていたけど、『審美眼』を使い過ぎていたことが分かりました」こう話してくれたのは数年間、家に引きこもっていた二〇歳の男の子。職人技や卓越したものの美しさに対する高い感性（審美眼）という自分のポジティブな特性をすべての状況に使ってしまっていたことに気付いたときの発言でした。その後、彼は「審美眼」のよい部分を認めながら、ある状況では、それを緩めることができるように少しずつなっていきました。「完璧主義な頑固もの」と自分のことを捉えるか、ある状況で「審美眼を使い過ぎている状態」だと捉えるかで、明らかに自分に対する見方は異なりますよね。「私そのものが問題」なのではなく、「ただ強みの使い方が間違っていた」と考えるだけで、希望を取り戻せるお子さんを何人もみてきました。お子さんの無気力状態も「強み」の定義に「活力が湧いてくる」とあるように、今の無気力状態は「強みを使っていないからだ」という説明も非常に理に叶います。本来、「強み」は自分を光り輝かせてくれるものです。今のひきこもりの状態を「強みのボリューム調整」という概念を通して、ぜひ、お子さんと一緒に捉え直してみてください。次の一歩に繋がる新しい気付きや発見がきっとあるはずです。

「強み」を活かしたベイビーステップを踏んでみる

自分の「強み」（花）を理解し、その「強み」がもたらす価値や可能性に気付いてきたら、いよいよその「強み」をリアルの世界で活かし、前に進んでいくプロセスに入っていきます。「強み」の三要素でみてきたように、「強み」は使うと活力が湧いてくる、つまりワクワクしてくるものです。お子さんがゲームの中で熱中したり、ワクワクするのは、ゲームを通して彼らは自分の「強み」を使っているからなのです。「強み」を活かすことはモチベーションにも繋がる話で、お子さんが一歩、前に進むため（※）には、彼らのできる範囲で自分の「強み」をリアルの世界でも活かせるようサポートしていくことが重要です。まずは、不登校やひきこもりのお子さん本人にとっての「次のマイルストーンは何か」を確認するところからはじめていきましょう。というのも、自分の「強み」を活かすといっても、何に対して活かすのか、その「標的」となる「目標」がなければ活かそうにも活かせられません。あるお子さんにとっては人間関係に関するチャレンジかもしれませんし、あるお子さんにとっては、どうやって新しいコミュニティに入っていけるかに関する目標かもしれません。自分の目標に対して、①自分の「特徴的な強み」のどれが活きるか、②具体的にどのようなアクションを起こすことかについて、ブレイン・ストーミングをしながら、お子さんと一緒に考えていきます。たとえば、ある不登校の中学二年生の女の子はしばらく学校に行っていなかったけれど、進学のことを考えて中学三年から学校に行きたいと言ってきました。しかし、いきなり、学校に通いはじめるのは難しいということで、学校行事の芸術鑑賞に参加するという目標を立てたのですが、解散時に他の子たちは友達同士で一緒に帰るため、自分がどう行動すればいいのだろうと不安になっていました。彼女の「特徴的な強み」の一つである「思慮深さ」を使い過ぎてしまっている状態でした。私は彼女の「知的柔軟性」という「物事を色んな角度からみることができる」という「強み」に着目し、「知的柔軟性の強みからみたら、その光景はどうみえる?」と尋ねると、同じ口から「事前に親に話して、迎えに来てもらえばいいと思う」とポロッと出てきたのです。よしっ、だったらこの目標に対して、「知的柔軟性」を活かしていこうという話になり、彼女は実際にこの目標を達成してきました。人生を前に進めるために、「これだったらできそうかも」という目標をつくり、自分ならではの「強み」を活かした行動を取ってみる。高い目標ではなく、赤ちゃんの歩幅のようなベイビーステップを踏んでいくことで、彼らは少しずつ前に進んでいきます。ぜひ、強みベースで目標達成のサポートをしていきましょう。

(※) ここで私が述べる「前に進む」とは「人として成長すること」です。人が成長する場は学校だけではありませんし、フリースクールや教育支援センター、習い事やボランティア、海外留学、アルバイトなど、成長できる場であれば、次の一歩は、どこでもよいと思っています。私は、何がなんでも元の学校や職場に戻すという考えはありませんし、成長せずに、ずっとひきこもりでいてもいいという考えもありません。自分の「強み」(花) を活かして、人として成長していくプロセスをサポートできればと思っています。

【「花」の育て方①】5「強み」を活かしたベイビーステップを踏んでみる

お子さんが実際に自分の「雑草」だけでなく、「花」の部分にも気付き、その価値を認めはじめたなら、その「強み」を活かせる行動を少しずつ取っていくことを促しましょう。ベイビーステップくらいの目標や課題を設定して、どの「特徴的な強み」が活きるか、具体的にどのような行動を取ることなのかを話し合い、実際に試してもらってください。ポイントは「これくらいだったらできそう」という程度の目標を設定することです。自動車も止まっている状態から走り出すときが最もエネルギーを必要とします。そして一旦、走りはじめると、徐々に加速がつき、二段階、三段階とギアを上げていきますよね。加速がついたら、もはや逆に止まることが困難になります。それと同じように、不登校やひきこもりのお子さんにとって大事なことは、最初の走り出しの時期は、「このくらいできるだろう」という小さな目標を設定して、「ほら、できた」という確認作業を何度も何度もやらせることです。不登校やひきこもりの状態が長く続くと周囲の人とあまり関わらなくなるため、他者の能力を過大評価し、自分の能力を過小評価して自信がもてなくなっているケースがよくあります。ですから、自分の「強み」を活かして、できることを繰り返しやらせ、「ほら、やっぱり自分はできるんだ」という感覚をまずもってもらいたいのです。中には遅れを取り戻そうと焦って高い目標を設定してしまい、挫折するお子さんもいらっしゃいます。「やる気」になっている分、勿体ない話です。ぜひ、この車の例え話などを持ち出して、「加速がついてくれれば、ドンドン前に進んでいけるから、まずはじっくり戦略的に行こう」と促し、小さな目標をつくって、小さな勝利をたくさん経験させ、その勝因と「強み」を紐付けながら「花」の割合を少しずつ増やしていきましょう。

第四章
子どもの「花」を育てる②

ポジティブ感情を高める

前章では、「強み」という人間の「花」について詳しくみてきました。本章では、ポジティブサイコロジーで扱う「ポジティブ感情」や「希望」そして「人生の意味」という別の「花」についても学んでいきたいと思います。

第二章でみてきたように、従来の心理学は、うつや不安、恐怖等のネガティブな感情を軽減することを目的としていました。これらの「ネガティブ感情」は「恐怖を感じたら、逃げる」といったように防御機能して機能しており、ネガティブな感情も人が生き残るために必要な感情でした。しかし、ネガティブな感情ばかりの人生も辛いですよね。戦後の心理学ではネガティブな感情は心身の健康に悪いため、それを軽減するための多くの研究がなされてきました。そんな中、ノースカロライナ州立大学のバーバラ・フレドリクソン先生はさまざまな実験を通してポジティブな感情の機能について調べていました。その結果、彼女はポジティブな感情は「人の視野を拡げ、リソースを得ることができるため、プラスのスパイラルを生み出す効果がある」ということを発見し、「拡張－形成理論（Broaden and Build Theory）」という理論を打ち出したのです。皆さんもご経験あるかと思いますが、ごきげんなときってリラックスしているため、色んなアイデアが思い浮かんだり、不機嫌なときよりも、見える視野がより広く感じたことがあると思います。彼女は実際にさまざまな実験を行い、ネガティブな感情は身を守るために重要である一方、ポジティブな感情も視野を拡げることで、リソースや社会的なサポートを獲得するために重要な機能を果たしていると報告したのです。また、彼女はポジティブな感情は視野を拡げるだけでなく、ネガティブな感情を打ち消す効果やレジリエンス（逆境力・回復力）を高める効果もあることを実証し、ポジティブな感情とネガティブな感情のバランスが重要だと述べました。

このことは不登校・ひきこもり支援においてもきわめて重要な意味をもちます。なぜなら、不登校やひきこもりのお子さんは「自分は駄目だ」「周りから遅れをとっている」とネガティブな感情や思考をもちやすく、親御さんも同様にネガティブな感情ばかりになってしまう傾向にあるからです。本来であれば、リソースをみつけたり、次の一歩を踏み出すためのアイデアを出しやすいポジティブな感情の方が大事なのですが、なかなかそんな気持ちにはなれないのが現実です。そんなときに「もっとポジティブに考えたらいいのに」とアドバイスされても、イラッときます。とはいっても、ポジティブな感情もその機能からみて、やはりうまく活用したいところです。不登校・ひきこもり支援において、ポジティブな感情はとても重要なリソースになります。そこで、私がお勧めする方法は、「常にポジティブに考えようとする」のではなく、身の回りに起きている些細なよいことに気付く練習をすることです。上述した通り、私たちの脳は自然とネガティブな方に向いてしまうので、ひきこもりであろうとなかろうと、私たちは知らず知らずのうちにささやかなポジティブな出来事を見落としてしまっていることがよくあります。ですから、そのような見過ごしていた些細なよいことに気付く練習を意識的にすることで、ポジティブな感情（花）を感じとりやすくするのです。ポジティブサイコロジーには「一日の終わりによかったことを三つ書き、なぜそれが起きたのかを書く」という「3 Good Things」というエクササイズがあります。一日の終わりに今日一日の中で起きたよかったことを具体的に三つ書くという単純なエクササイズですが、大学生に対して実施した実験では、これを一週間続けた群はより幸福度が高まり、抑うつ傾向も軽減されたという報告があります。初期設定でネガティブに傾く脳に対して、毎晩、よいことを思い出して書き出すことを続けていると、見過ごしていた些細なプラスの出来事にも目が向くようになり、これを習慣化することで、「今日はプラスのことはないかな？」と探し出す脳に再教育されていくのです。実際に私は不登校やひきこもりのお子さんに毎日、この三つよかったことを書いてもらっています。「家にずっといるから、特によかったことがない」というお子さんでも、「昼ごはんのカレーライスが美味しかった」程度のどんな些細なことでも構わないので書き続けてもらっています。オンラインゲームで対戦相手に勝ったことや、何かのアイテムを手に入れたことなど、何でも構いません。このワークをやり続けてもらい、毎回、最初に振り返り、それから面接に入ります。実際に「今までは学校に行っていない自分が駄目で、何もしていない自分を自分で批判していたけど、こう書いたのを読み返すと意外と充実した生活を送っていたんだなと気付きました」と話してきたお子さんもいれば、ちょっとした成功体験も記録し続けるため、自分の成長もみえる化でき、自信を高めるお子さんもいらっしゃいます。また何といっても、最初にこの振り返りをすることで、ポジティブな感情が誘発され、面接中にお子さんがリラックスして、ちょこっと視野が拡がった状態で面接を開始できるため、彼らが前に進むことに前向きになったり、そのための行動のアイデアが出やすくなったり、建設的な会話がしやすくなるという点でとても役に立っています。ぜひ、この「一日に三つよかったことを書く」というエクササイズを試してみてください。

【「花」の育て方②】一日三つよかったこと（感謝すること）を書く

毎日、一日の終わりに今日あったよかったこと（または、感謝すること）を三つ書き出してみましょう。また、「なぜそのよかったことが起きたのか？」も書いてください。どんなに些細なことでも構いませんので、具体的に書いてください。

よい例：　名探偵コナンのイラストで顔の輪郭が昨日よりも上手く描けた。

悪い例：　絵を上手く描けた。（具体的ではないから）

表 4-1　1日3つよかったことを書く

月　　日（　　）	1.
起床時間：　　：	2.
就寝時間：　　：	3.

このワークを一週間単位で振り返り、実際にお子さんからそのときのことを詳しく聴いてください。彼らの「強み」をすでに把握していたら、その会話の最中、「どの強みが活きていたと思う？」と投げかけてください。お子さんも自分の「強み」を理解していたら、きっと何か出てきます。このワークを通して、お子さんのポジティブな感情を誘発させながら、「自分は強みを活かして生活している」という自覚をもたせることができるため、彼らの自己肯定感や自己効力感を高めることにも役立ちます。ぜひ、お試しください。

「成長」にフォーカスする

ここまで不登校やひきこもりのお子さんの「花」を育てるために、「強み」をみつけて育てたり、ポジティブな感情を高めたりすることを学んできました。ここでは、育ってきた「花」に対して、どのように水を与えるのかについて触れたいと思います。キーワードは「成長にフォーカス」です。不登校やひきこもりのお子さんが前に進んでいくためには彼らが自分の「成長」を振り返り、「ここまで歩いてきたんだ」と実感できるようサポートすることがきわめて重要です。私たちは「慣れ」の生き物で、しばらく何かを続けていると、そのことに慣れていき、あたかも昔からそれができていたかのような錯覚に陥ってしまうことがあります。お子さんがこれまで出来なかったことが出来るようになったとしても、「前からそのくらいのことはやっていた」かのように思ってしまい、いつまで経っても自信がつかないことがよくあるのです。以前に比べて前に進んでいるにもかかわらず、その進んだ状況に慣れてしまい、自分の成長が感じられない、周りの大人もお子さんの成長した姿が目の前にあるにもかかわらず、（慣れてしまって）そこをみずに、今できていないことばかりに目を向けてしまうことが、不登校やひきこもりのご家庭内でよく起きています。たとえば、数年間ひきこもっていたある中学生の男の子が、このままでは駄目だと週一回、図書館での別室登校を始めたときのことでした。本人にとっては、久しぶりの学校。周囲のクラスメイトからどうみられるんだろう、先生はどんなことを言ってくるんだろうと色んな恐怖があったにもかかわらず、彼は勇気を振り絞って、裏口の玄関から校舎に入り、別室にて勉強に取り組み始めることができるようになったのです。彼の「徳性の強み」である「勇敢さ」を発揮して、よく頑張ったと私はその小さな成長を認めたかったのですが、その翌週に親御さんにお会いしたら、もう「次は勉強がついて行けていないので塾に通わせて……」と話が進んでしまっていたのです。親御さんご本人は気付いていないのですが、お子さんができたことは、すでに「当たり前」になっていて、次の「雑草」を抜こうとされていたのです。このような関わりが続く限り、いくら子どもが自分の「花」を咲かせようと努力しても、せっかく咲き始めた「花」も枯れちゃいますよね。「勇気」の研究をしているロバート・ビスワス＝ディーナー先生も、人が「勇気」を出して、一歩踏み出すためには、「進歩」や「成長」に着目することの重要性を説いています。たとえば皆さんも、職場でうまくいかずに「もう駄目だ」と思ったとき、新卒時代の自分を思い返すと、「なんだかんだいって、よくここまできたな」と大なり小なり、頑張ってきた自分を労い、「よっこらしょ」とまた自分を奮い立たせることができると思うのです。この感覚を彼らにも味わってほしい。そして、この感覚こそが彼らにとっての「水」や「肥料」になっていきます。もし、お子さんが自分の「強み」を活かして、少しでも前に進んだと思ったら、「それ一カ月前にできたと思う？」と伺って、彼らが自らの成長を噛みしめられるように仕向けていただければと思います。お子さんが進んできた道のりを、しっかりコンクリートで固めていきましょう。

【「花」の育て方③】「成長」にフォーカスする

お子さんが自分の「強み」を活かして、少しでも前に進み出したら、最悪だった状況と比べて、「○○カ月前に同じことできたと思う？」と伺ってみてください。おそらく「できなかった」という返答が、十中八九で返ってきますので、「よく頑張ったよね」と労ってください。その言葉に嬉しがっている素振りをみせたら、「あのときの自分が今の自分をみたら、なんて言うと思う？」と聞いてみるのも、自己肯定感を高める上で効果的です。「今の自分から、あのときの自分にアドバイスできるとしたら、何て言いたい？」と聞くのも、彼ら自身がその成長を感じとれる機会となりますので、ぜひ、状況に応じて、尋ねてみてください。何度も言います。人は「慣れ」の生き物です。彼らの「花」を咲かせるために、いつも「最悪だったとき」の映像をもち続けてください。きっとお子さんの「成長」に目が向きやすくなると思います。

「希望」を育てる

人間のポジティブな側面（花）の一つに「希望」というものがあります。不登校やひきこもりのお子さんだけでなく、なんだか生きづらそうな青少年たちと接すると、生気のない顔をして「希望がないんすよ」とよく言ってきます。そんな言葉を聞くたびに「私の庭、花がないんです」と言っているように聞こえてしまうのですが、そんな子に「希望をもちなさい」と激励したところで何も変わりません。ここでは、ポジティブサイコロジーのテーマである「希望」の知見をもとに、彼らの「希望」を育てる糸口についてみていきたいと思います。

ポジティブサイコロジーの研究では、「希望」と「感謝」というポジティブな感情が人生の満足度に最も相関するという報告があり、「希望」を育むことは、彩り豊かな庭づくりには欠かせない要素です。その「希望」の研究者であるチャールズ・スナイダー先生とシェーン・ロペス先生はさまざまな研究を通して、人はある三つの構成要素が揃ったときに「希望」を感じると導き出しました。その三つとは「価値ある目標（Valued Goal）」「発動性（Agency Thinking）」「経路（Pathway Thinking）」のことです。それぞれの要素を詳しくみていきましょう。

まずは「価値ある目標」です。「希望」というのは、そもそも将来に対して目指しているものや方向性があるときに湧き起こるものです。「真っ暗なトンネルの中にいたけれど、希望の光がみえてきた」というのも、「トンネルの中にいる」時点でそもそも、どこかに向かっていますよね。ですから、「希望」をもつためには、まず自分にとって大事な「価値ある目標」をもつことが前提になります。「希望がない」というお子さんの話を聞いていると、そもそもこの「価値ある目標」がないため、「希望」がもてないということがよくあります。もしお子さんがそのような状態であれば、まず、その子にとって大事なものは何か？　という「価値」を明確にすることから始めるのが得策です。ポジティブサイコロジーのエクササイズで「人生の総括（Life Summary）」というものがあります。自分の人生を一つの「物語」として書き、その本のタイトルを考えるというものですが、よく私はお子さんに「もし人生がうまくいったとしたら何歳くらいまで生きたい？八〇歳？　オッケー、そしたら、八〇歳まで生きて亡くなったとするやん？　ちょっと自分の葬式ばイメージしてみて？　そのときにいろいろ、今まで自分に関わった人たちが最期のお別れの挨拶をしにくるやんか？　そのとき、自分が眠る棺桶に向かって、『あなたは〇〇な人でしたね』と言ってくれるとしたら、どんな人やったって言われたい？」と尋ねます。この回答が一人一人異なるので、とても面白いのです。「優しい人」「人生を謳歌した人」「宇宙的な人（!?）」……色んな答えが返ってきます。どんな言葉が返ってきても構いませんので、さらにそれがどういう意味なのかを尋ねてください。「優しい人ってどういう意味？」「人生を謳歌するってどういう意味？」「宇宙的な人ってどういう意味？」その言葉の定義を明確にするのをサポートしていくと、その子にとって大事にしている「価値」がおぼろげながらも少しずつみえてきます。長い人生、「どんな人でありたいか？」は今後、変わってもいいと思います。今の段階での呼ばれたい人物像に近づくことを、とりあえずの「価値ある目標」と設定することで、一つ目の「希望」の条件を整えていきます。

次に、二つ目の構成要素である「発動性（Agency Thinking）」についてみていきましょう。これは「自分はその目標を達成することができる」という感覚、そしてそのために発動するエネルギーやモチベーションがあるという状態を指します。ある意味、自己効力感（Self-efficacy）に近いものですが、「その目的地に行くまでの車のエンジンが満タンである」という状態です。確かに「価値ある目標」を設定したとしても、「自分の実力だったら、その目標を達成できるかも」という見込みがないと希望は湧いてきませんよね。もし英語で一〇〇点を取るという目標を立てたとしたら、英語が毎回六〇点前後のお子さんの方が、いつも〇点ばかりのお子さんに比べて「希望」をもちやすいのは容易に想像できますよね。不登校やひきこもりのお子さんで「価値ある目標」は設定できているのに、「希望」がないとしたら、この「発動性（Agency Thinking）」、つまり自己効力感を高める必要があるかもしれません。具体的な方法として、自分の「強み」を認識させ、その価値を理解して育てていくこと、「価値ある目標」に関連する知識やスキルを身につけていくこと、ベイビーステップを踏んでいくプロセスを振り返り、お子さん本人が「成長」を実感できるようサポートすることなどが「発動性」を高める方法になります。つまり、これまで学んできたことすべてが「発動性」を高めるための効果的な方法です。

最後に、お子さんに「価値ある目標」もあり、それができると感じる「発動性」もあるのに、「希望」がもてないのであれば、三つ目の構成要素「経路（Pathway Thinking）」に取り組む必要があるかもしれません。これは「ゴールまでの道筋」のことを指します。「どうやってその目標を達成することができるのか」という「道筋」がみえれば、「希望」が湧いてきやすいですよね。この「経路」を明確にするために必要なことは「情報」と「アイデア」です。お子さんがこの目標達成までの「道筋」がみえずに「希望」がもてない状態でしたら、たとえば、ハローワークや若者サポートセンターで仕事の情報を一緒に調べてみる、高卒認定の取り方をネットで調べてみる、ブレイン・ストーミングでアイデアを出し合ってみるなど、情報を集めていく必要があります。この「経路」はお子さん本人の考え方や特性云々ではなく、単なる「情報不足」です。もし一人で調べることのハードルが高いようでしたら、一緒に調べてあげてほしいと思います。

ここまで、ポジティブサイコロジーの希望理論（Hope Theory）の三つの構成要素をみてきましたが、お子さんが次の一歩を踏み出すためにどこから手をつけたらいいのかわからないときなど、ご参考にしていただければと思います。

【「花」の育て方④】「希望」を育てる

以下のお子さんの発言は「希望」が湧く三つの要素（価値ある目的、発動性、経路）のどれにテコ入れする必要があるかを考えてみてください。また具体的に何をすればいいのかも考えてみてください。

> 発言①「やりたいことがみつからないんです。」
> 発言②「大学には行きたいんですけど、高校中退してしまって、どうすればいいかわからないんす。」
> 発言③「何やっても駄目なんですよ僕。」

発言①は「やりたいことがみつからない」という「価値ある目標」に関する発言ですよね。もし、このような発言をするお子さんがいたら、たとえば、先程やったようにその子の「価値」を明確にすることからはじめる、または、やりたくないことを消去していき、残ったものをやりたいことと見なす、「本当にやりたいことをみつける」という目標を立てる、とりあえずの目の前の目標にフォーカスするなどを試されてみるのはいかがでしょうか？　唯一の「正解」はありませんが、「価値ある目標」を少しでも明確にすることに注力することは、彼らが前に進む上でとても意義あることだと思います。

発言②は、「大学に行きたい」という「目標」はありますよね。そのことにお子さん本人が価値を置いているかどうかは確認したいところですが、「どうすればいいかわからない」というのは「経路」のテコ入れが必要な状況なのかもしれません。ですから、「大丈夫だよ、君ならできる」

という「発動性」を高めることよりも、まずは「道筋」がみえるように情報を集めることが効果的かと思います。その「経路」が確認できたところで、本人が「実力的に難しい」と感じたなら、「発動性」を高めるサポートにシフトするといった流れが適切でしょう。

発言③は、まず「発動性」にテコ入れしたいところですね。「強み」を見出し、それを育てたり、ベイビーステップを踏みながら「成長」や「進歩」にフォーカスさせるプロセスを通して、「自分もやればできるかも」という自己効力感を高めていきたいところです。その上で「価値ある目標」を定めていくことも同時にやっていきたいですね。

ここでは、「希望」という「花」を育てる切り口から、人生を前に進めるアプローチをみていきました。この希望理論がお子さんの「希望」を育むキッカケになればと願っています。

「人生の意味」を高める

最後に不登校やひきこもりのお子さんの「花の育て方」で取り上げたいテーマは「人生の意味」です。よく家にずっといるお子さんと話していると、「生きる意味がわからない」という哲学的な、しかし彼らにとっては切実な問いに向き合わなければならないときがあります。この問いに対しては、私たち一人一人がもつ「人生観」にも因るため、自分が信じる人生哲学を「一つの見方」として提供することは大いに価値があることだと思います。ちなみに、皆さんにとっての「人生の意味」とは何でしょうか？

何が皆さんの人生に意味を与えてくれますか？ 書き込んでみましょう。

何が皆さんの人生に意味を与えてくれますか?

大切な人の存在を感じること、社会貢献をすること、名声を手に入れること、健康で長生きすること。もちろん、答えは人それぞれ違いますし、明確な答えが出ない方もいらっしゃるかと思いますが、ポジティブサイコロジーでは、「人生の意味」や「生きがい」についても研究が進んでおり、「人生に意味をもっている人たちの共通点」を明らかにしています。「人生の意味」は「雑草」を抜けば魔法のように生えてくるものではなく、「花」として育てる必要があります。ここ

では、ポジティブサイコロジーの「人生の意味」についての知見を学び、お子さんが抱えるこの哲学的な問いに向き合う上での何かご参考になればと思います。

コロラド州立大学心理学部のマイケル・ステガー先生の研究によると「人生の意味（Meaning in Life）」には三つの要素があると報告されています。それは、「一貫性（Coherence）」「目的（Purpose）」「重要性／意義（Significance）」です。それでは、「希望」と同じように、一つ一つみていきましょう。

まずは「一貫性」です。これは「自分の人生は一貫しており、理解できるものである」ということを意味します。「自分がやっていること」と「これまでやってきたこと」に一貫性があり、また「今の自分のあり方」と「自分を取り囲む世界」にも一貫性があり、理解できるものになっていること。分かりやすく言うと、「自分の人生が物語として整理されている感覚」があるということです。確かに、自分の人生に意味付けができている人たちをみると、一人一人、物語をもっていますよね。よく起業された方のインタビューなんかでも「原体験」のお話が出てくることが多いですよね。人生に意味を見出した人たちに共通している、一貫性。ちなみに皆さんはどのような「物語」をもたれていますか？　お子さんにとっての「人生の意味」に向き合う前に、まずはご自身の「物語」についても一度振り返ってみられるのはいかがでしょうか。

次に、「人生の意味」の二つ目の要素は「目的（Purpose）」です。「自分の人生に目的があるか？」つまり、「人生において向かうべきゴールや方向性がある」ことですが、自分の人生に意味をもっている人は、人生におけるゴールや方向性が明確になっていると言われています。自分にとっての価値あるゴールやそこに向かうベクトルが自分にモチベーションを与えてくれるというのですが、これも納得しますよね。自分が今やっていることに対して、「本当にこの選択でよかったのかな」「もしかしたら、あっちの方がよかったかも」と疑問をもち続けたり、そもそも、向かうべき価値ある目標がないと人生の意味付けはなかなか難しいものです。花園を目指すラグビー部員や大会優勝を目指すチアダンス部員は、目指すべきその子にとっての「価値あるゴール」があるため、「生きる意味って何だろう」と迷わず、自分の人生に打ち込めるのでしょう。人生の目的、そして価値あるゴール……この進むべき方向性を明確にすることも人生の意味を高める上では重要なポイントです。

最後に、ステガー先生は三つ目の要素として「重要性／意義（Significance）」を挙げています。この「重要性／意義」とは、「自分の人生には価値があり、生きるに値する人生だと信じていること」を指しますが、これは「自己評価」になります。「自分の人生は生きるに値する」と感じるためには、自分が何に価値を置いているのかを明確にする必要があります。たとえば、「世界平和」に価値を置いている人は、それに繋がる活動をしているとき、「自分の人生は重要だ、意義深い」と感じるでしょうし、「ごきげんに生きること」に価値を置いている人は、大好きな趣味に没頭しているときに「生きるに値する人生だ」と感じるかもしれません。皆さんは、どんなことを「重要だ」「意義深い」と感じますか？　また、ご自身が今やっていることはどれくらい重要だと思いますか？　ぜひ、こちらも一歩、立ち止まってゆっくり考えてみるのはいかがでしょうか？

この三つの要素をまとめると、人生に意味をもっている人は、「自分の人生に物語があり、進む方向性が明確で、なお且つ、自分が『重要だ』『意義深い』と感じることをやっている」という特徴があります。確かにこのような心理状態だと、人は「生きる意味」を模索せずに、すでに「人生を生きている」と言えるでしょう。私はこの「人生の意味」の三要素を知ったとき、「なるほど、確かに」と腑に落ちましたが、それは自分が当時、三〇代であったことも関係しているかもしれません。多くの一〇代や二〇代の不登校やひきこもりのお子さんは、「物語」を作るための「経験」や、「価値あるゴール」を設定するための「経験」、自分の価値を深く理解し、それと共に生きたという「経験」が圧倒的に少なく、「人生の意味」を生み出す「構成要素」がそもそも足りていないのかもしれません。「経験不足」であるにもかかわらず、一生懸命、部屋の中で生きる意味を模索してもみつかるはずがないのです。しかし、ここで「君は経験が少ないから人生に意味をみつけることはできない」と諭したところで、このお子さんの「花」は育っていきません。ひきこもりの状態であっても「人生の意味」を高めることは大切なので、私は少なくとも二つの切り口からアプローチしています。一つ目は、「人生の意味」の結論を先延ばしにさせる方法です。「人生の意味」の三つの要素を共有して、今は材料不足であるため、デザイナーが試作品を作るように、色んな「経験」を積む中で「人生の意味」を見出すのはどうかと「人生の意味」の結論を先延ばしにして、さまざまな「経験」を積ませることを優先させる方向に仕向けていきます。その際、スティーブ・ジョブズ氏のスタンフォード大学での卒業式スピーチ「Connecting Dots」も、たとえ話として使います。しかし、この方法で、すべての哲学少年が「確かに経験を積むことが大事ですね」と素直に納得して、行動しはじめるわけはありません。そこでご紹介したい二つ目の方法が、「強みを他者に与える」というアプローチです。多くのお子さんはこれまで、少なくともゲームの中で自分の「強み」を活かしてきた「経験」、つまり「物語」があります。その「強み」を他者のために活かすことで自分の「重要性（Significance）」を感じられるよう促していくというアプローチです。自分のもっている「強み」を他者のために使うことで、そのお子さんは「人生の意味」を見出す可能性が出てくるかもしれません。たとえば、あるひきこもりの男の子で、「親切心」を強みとする子がいました。ひきこもる前に通っていた小学校では、いつもクラスメイトに優しくしたり、またひきこもった後も、親御さんが忙しくしているときに家事を手伝ったりしていました。自分にとっては当たり前にしていたことなのですが、彼はそれが自分の「強み」だと自覚してから、「親切心」をより意図的に他者のために使おうとたまに外に出たとき、電車で席を譲ったり、他者に貢献することを意識的にしはじめました。すると、彼自身、必ずしも「人生の意味」が一〇〇％、明確になったわけではないのですが、前から使っていた馴染みある「強み」を他者に与えることで「重要性」を実感しはじめ、「親切心」を育てていく先に何かみえてくるかもしれないと、漠然とした方向性をもつようになりました。ポジティブサイコロジーでは、「向社会的行動（Prosocial Behavior）」という「人のため、社会のために無私の心で行う行為」も研究テーマであり、この分野で著名なエリザベス・ダン先生は、お金を自分のために使うのではなく、寄付など他者のために使った方が心身のウェルビーングが高まるという研究成果を報告しています。自分の「強み」を他者のために使うと、他者のためだけでなく、自分自身のウェルビーングにもプラスの影響があるのです。人は誰かに「ありがとう」と感謝されたとき、自分自身の「価値」や「重要性」を認識することができます。「誰かに必要とされている」「自分にも誰かに貢献することができる」という感覚は自分を肯定する上できわめて強力なものです。そして、人は「Taker（もらう側）」から「Giver（与える側）」に回ったとき、はじめて自分の人生を生きはじめることができるのでしょう。自分の「強み」を活かし、他者のために具体的な行動を取っていく、そのプロセスを通して、「人生の意味」を徐々に見出しはじめるかもしれません。不登校やひきこもりの状態をただ「可哀想」とみて、与え続けるのではなく、「いかにこの子を貢献者に育てようか？」という視点で関わられることも非常に重要です。かの有名な画家であるパブロ・ピカソ氏も「人生の意味とは、自分だけのギフトをみつけることだ。そして、人生の目的とは、それを他者に与えることだ」という格言を遺しています。お子さんを「Giver（与える側）」へと導いていきましょう。

【「花」の育て方⑤】「人生の意味」を高める

不登校やひきこもりのお子さんが「人生の意味」を模索しているようでしたら、「一貫性（自分の人生が物語のように繋がっているか？）」「目的（価値あるゴールがあるか？）」「重要性（自分は誰かに価値を与えているか？）」という側面から彼らの状況を確認してください。それぞれの質問に「イエス」と回答できるようにサポートすることで「人生の意味」を生み出すことができるかもしれません。もちろん、明らかに経験不足というケースがほとんどです。その際は、「経験」をまず積んでから考えようと先送りにして、経験を積むための活動を一緒に考えていきます。または、以前から馴染みのある（つまり「物語」がある）自分の「強み」を活かして、他者に貢献する方法を考え、実際にやってもらうことで、「重要性」を高め、この先に「人生の目的があるかも」という可能性をみせられるようにサポートしていきましょう。

第三章、第四章では、お子さんの「花の育て方」についてみてきました。「強み」をみつけ、それを状況に応じて調整し、実際に使って育てていくこと。視野を拡げるために「ポジティブ感情」を高めること。勇気ある行動を取りやすくするために「成長」にフォーカスすること。「希望」を高めていくこと。「人生の意味」を生み出すために、「強み」を活かし、他者に貢献できるよう導いていくこと。これらの「花」は、「雑草」を抜いて、見守るだけでは生えてきません。私たち周りの大人が意識的に関わることで、彼らの「花」は開花していきます。今、皆さんが関わるお子さんの状況やご様子によって、必ずしもすべてが役に立つものではないかもしれませんが、できることから取り組んでみてください。

第五章
子どもの「雑草」をならす

ここまで読んでくださった方の中には、「確かに子どものプラス面やよいところにフォーカスするのは大事だけど、現実問題として問題があるから今、ひきこもりの状態なんだし、やっぱり雑草を抜くことも大事なんじゃないの」と思われている方もいらっしゃるかと思います。そのため、この章では「雑草」に対して、どのように向き合っていくのかについてみていきたいと思います。

結論から申しますと、「雑草は抜く必要はないけれど、ならす必要はある」という見解です。ポジティブサイコロジーという言葉から、「すべてポジティブに捉えればよい」「悪いものには蓋をしてみなければいい」「とにかくその子に直した方がいいところがあっても、褒め続ければいいい」と誤解されやすいのですが、「自分の前進を妨げるもの（雑草）」があれば、それを無視し続ける限り、前には進めませんし、成長もありません。ガーデン・アプローチは「花」を育てながら、「雑草」を無視するのではなく、ならすことでその割合を変えていこうとするアプローチです。人間であれば、誰しもが大なり小なり「雑草」をもっています。外見的なことで、「ああ、こんなジャガイモみたいな顔でなければ」と私自身も思うことがありますし、内面的なことで、「このシャイな性格が邪魔」と思うこともあります。もちろん、これらの「雑草」を抜いていくことも可能かもしれませんが、大人である私たちでさえも、「苦手なものを治す」というのは、なかなか気が進みませんよね。ですから、「雑草」を抜くという発想ではなく、その「雑草」が邪魔にならないようにならしていく、つまり、自分のネガティブな思考や感情、欠点や弱みに囚われなくしようという、ある意味、仏教的なアプローチをとっていきます。「雑草」に引っ張られて振り回されていては前に進めません。しかし、「雑草」とうまく付き合うことができたら、「花」（強み）を活かしながら前に進めるようになります。この「雑草のならし方」は一種のスキルです。自分のネガティブな側面に囚われないようにするために、具体的な方法を学んでいきましょう。

ネガティブな思考を流す

まずは「雑草」として振り回されやすい「ネガティブな思考」との付き合い方について学んで

いきましょう。私たちは、過去のことを後悔したり、将来のことを不安に思ったり、多くの場合、「いま・ここ」にないものに対して悩んでしまいます。「いま・ここ」のリアルで起きていること、感じていること、体験していることはさておき、ついつい、頭の中の「思考」に囚われてしまいがちです。不登校やひきこもりの文脈で考えていく前に、まずは、この「思考」の特性について理解しておきたいと思います。

本来、「思考」は流れていくもの

そもそも、私たちは日常生活の中で意識、無意識にかかわらず、色んなことを「思考」していきます。「今日のお昼ご飯は何を食べようかな?」と考えるときもあれば、「あの子、将来は大丈夫なのかしら?」と考えるときもあり、さまざまな「思考」が頭の中を流れていきます。本来、「思考」というものは、このように浮かんでは流れていく「雲」のようなものです。別の言い方をすれば、川を流れる「落ち葉」のようなものです。

この雲のような「思考」は、「考えごと」であり、「頭の中のつぶやき」、つまり頭の中の「言葉」です。この「言葉」というものは人間にしかない能力ですが、一つ厄介な特徴があるのです。それは、「バーチャルな世界をつくってしまう」ということ。たとえば、皆さん、「ライオン」をイメージしてください。私が「ライオン」というと、目の前にライオンが出てきませんか？　リアルの世界には「ライオン」はいないのに、「ライオン」という「言葉」によって、バーチャルなライオンが目の前に現れてきます。つまり、私たちの「思考」（つまり、頭の中の言葉）は「バーチャルな世界」を作り出すことができるのです。

意識的、もしくは無意識的に頭の中であれこれ考えていると、実は、自分でも気付かないうちにこの「思考」が「バーチャルな世界」を作り出し、リアルとバーチャルの区別がつかなくなることがよく起きるのです。そして、このバーチャルなライオンがあたかもリアルにいるかのように思い込んでしまい、怖がったり、不安になったり、引っ込んでしまったり、前に進めなくなることがあるのです。

「いま・ここ」の自分を取り戻す

ここで、もし私が「うわぁ、部屋のドアの前にライオンがいて、怖くて開けられない」と言っていたら、第三者の皆さんはどのように思われますか？　皆さんに見えないライオンを私の「思考」は見せてくるのです。この「思考」が映し出す「バーチャルな映像」を「リアル」なものとごっちゃにしてしまい、私は前に進めなくなっているのです。これは不登校やひきこもりのお子さんにもよくあるお話です。たとえば、不登校のお子さんだと、「学校」という響きから、確実に何か「ライオン」のような「学校」の映像をみています。「久しぶりに学校に行ったら、クラスメイトからどんな顔されるかな？」という「思考」はどんな映像を彼らにみせてくるでしょうか？ しばらく引きこもっているお子さんなら、「また仕事を再開するとしても、また前回のようになるかも……」という「思考」はどんな映像をその子にみせてくるでしょうか？「うちの子、今後どうなるのかしら？」という「思考」は、皆さんにどんな映像をみせていますか？

もし、「思考」がバーチャルな映像を私たちにみせているという事実に気付くことができれば、「もしかすると、これ、バーチャルかも？」と、冷静に「リアル」をみようとする隙間ができてきます。「今、ライオンがみえているけど、もしかしたらいるかもしれないし、ひょっとしたらライオンのことを考えているから現れたバーチャルかもしれない」と冷静さを取り戻し、ちょっと本当かどうか確かめてみようと、恐る恐るでも一歩前に出やすくなったり、その「思考」に振り回されなくなってきます。「思考」が作り出すバーチャルな世界に振り回される私ではなく、「いま・ここ」のリアルを体験する「わたし」を取り戻しはじめるのです。

そのためには、まず自分の「思考」に気付く練習が必要です。自分が何を考えているか、頭の中のつぶやきに気付くことができれば、たとえ、ネガティブな「思考」が流れてきても、それをスルーすることができるようになっていきます。たとえば、「ああ、この先どうなるんだろう！」とこれまでは、あたかもリアルのようにみえていた不安を煽る将来の映像も、「あっ、今、『この先どうなるんだろう!!』って考えていた。だからこういう映像を今、自分はみているんだな」と客観的に観察できるようになると、その「思考」をスルーすることができるようになってくるのです。というのも、「思考」とは本来、雲のような存在だからです。こちらが流れてくる「思考」に反応せず、眺めていると自然と流れ去っていく性質があるのです。緊急事態に適切な行動を取るためには、普段からの練習が必要です。普段の何気ない生活の中でも自分の「思考」に気付き、観察してスルーする練習はできます。これは「スキル」であり、筋トレのようにやればやるほど、身についてきます。私は不登校やひきこもりのお子さんに毎日三分間、自分の「思考」に気付く練習をしてもらっています。その練習方法を次に紹介しますので、ぜひ試してみてください。

【「雑草」のならし方①】「思考」に気付き、バーチャルな世界に振り回されない

「思考」に気付く練習で、もっとも簡単な方法は「マインドフルネス」という呼吸を用いた練習方法です。Google社が社内研修に採用したことで、一躍脚光を浴びていますが、マインドフルネスにも色んなやり方があり、ここでは、自分の「思考」に気付くことを目的としたマインドフルネスを行います。まず、椅子に座って、目を閉じ、ゆったりとした姿勢で自分の呼吸に意識を向けていきましょう。黙想をするようなイメージです。三分間、「いま・ここ」のリアルな自分の呼吸に集中していくのですが、ずっと目を瞑って「スーハースーハー」していたら、自然と

色んな考えが浮かんできますよね。「思考」が浮かんできてもいいので、「あっ、今、お昼ご飯のこと考えていたな。息に戻ろう」と気付いて、呼吸に戻ってきてください。また「スーハースーハー」しはじめると、別の「思考」が浮かんでくると思います。そしたら、「あっ、今、昨日みたテレビのこと考えていた。息に戻ろう」とまた気付いて、戻ってきます。この練習を毎日すると、自分が今、何を考えているのかが観察しやすくなってきます。ネガティブなことを考えてもいいので、「あっ、今ネガティブなことを考えているな」とちょっと一歩引いて、観察するもう

表 5-1　マインドフルネスの練習方法

1. 背筋を伸ばし，リラックスして椅子に座ってください。
2. 目を閉じて，深呼吸を二，三回してください。
3. 心が落ち着いたら，自分の意識を「呼吸」に向けます。
4. 鼻から呼吸し，自然と繰り返す「息」に集中しましょう。
5. 息をコントロールする必要はありません。

   ただ「吸った，吐いた」ということに気付いてください。
6. もし「思考」が浮かんできたら，その「思考」に気付いて，観察して，ただ「息」に戻ってきてください。
7. 三分間，「いま・ここ」の私がする「息」を感じてください。

一人の自分を育てていくと、少しずつ思考が作り出すバーチャルな世界に振り回されないようになっていきます。お子さんもそうですが、ぜひ、親御さんも先生も練習してみてください。ご自身の「思考」が作り出した「バーチャルなお子さん」ではなく、「いま・ここ」にいるリアルなお子さんがより明確にみえてくるかもしれません。

「思考」と「わたし」を切り離す

先ほど、「思考」は頭の中の「言葉」であり、この「言葉」がバーチャルな映像を私たちにみせ、リアルの世界とバーチャルの世界を混同してしまうことが問題だということを学びました。このバーチャルな映像をみせてくる「言葉」の主（ぬし）に名前をつけることも、思考を客観的にみる上で効果的な場合があります。

たとえば、久しぶりに学校や職場に行くかどうか悩んでいるとき、「周りの人から変な目で見られるかも……」と考えはじめるとします。すると、おそらくその地点でクラスメイトや職場の同僚がこちらをみている映像が見えてくるでしょう（これは目の前に実際にいないので、バーチャルな世界ですよね）。「思考がバーチャルの世界を作る」ことに気付いていないと、この段階で、その映像がリアルだと思い込み、不安になったり、怖くなったり、ネガティブな感情が湧き起こって足が遠のいていきます。しかし、ここで頭の中の言葉の主（ぬし）に名前をつけていたとします。仮に「パックン」としましょう。自分にとってネガティブな映像を映し出す声の主に名前をつけていると、その言葉が頭を過ったとき、「あっ、パックンが出てきた」と気付きやすくなるため、その「思考」を観察してスルーしやすくなっていきます。「周りの人から変な目でみられたらどうしよう……」とビクビクしていたのに対して、「ああ、パックンがこの映像を自分にみせているなぁ……」とちょっと冷静になって、リアルとバーチャルの区別をつけることができるため、少し楽になります。ここで重要なのは、このパックンと戦わないことです。たとえば、「ライオンを想像しないでください」「絶対ライオンを想像しないでください」と言われても、出てきますよね。「不安になっちゃいけない」と思えば思うほど不安になるように、思考や感情は「考えないようにしよう」と戦えば戦うほど、どんどん大きくなるのです。なので、思考や感情とは戦わず、ただ「あ～パックンが出てきたなあ」「あ～パックンが、映像をみせてくるなあ」と観察してください。本来、パックンの正体は、雲のように浮かんでは流れていく実体のないものですから。とにかく、パックンが何か言ってきたら、観察しましょう。ちなみに、この名前の決め方は、ぜひ、弱いキャラの名前にしてください。ラスボスのような強いキャラだと、やられてしまうかもしれませんので、手懐けることができそうな、弱っちい名前にしていただければと思います。

ここでこの「ネガティブな思考」が生み出すバーチャルな世界に振り回されずに、「雑草」をならした不登校の男の子の例をみてみましょう。彼は中高一貫の私立の進学校に通学していましたが、中学一年時、毎日一時間以上かかる通学と課題や宿題の多い授業の進捗についていけず、数日間、休んだことをキッカケに、そのまま不登校になっていました。苦しそうにしていたので、見兼ねた親御さんは家の近くの公立中学に転校することを提案し、中学二年の春に転校しました。

もともと、同じ小学校の生徒も多く通っているため、友人関係で問題はないように思われましたが、小学校時に周囲から頭がよいと褒められていたため、進学校からの転校に自尊心が許さないのか、非常に引け目を感じ、なかなか学校に行けない状況でした。私が彼と関わりはじめたのは、転校後に二回だけ登校したけれども、その後ずっと家にいるようになった三カ月後の頃でした。彼の部屋で面接をはじめましたが、本棚にはコンピュータやプログラミング関連の本が並び、作成したロボットが机の上にいくつも飾られていました。聞くと小学校低学年のときからプログラミング教室に通っており、JAVA等のプログラミング言語はもう一四歳ながらお手の物とのこと。JAVAのテキストを見せてもらったのですが、「よ～こげな難しいものわかるよね！」（博多弁で申しわけございません）と唯々驚くと、「いや、普通ですよ」とサラッと言ってきました。時代はやはり変わっているんだなあとしみじみ思いましたが、彼のプログラミングの知識は人並み以上であったことは明らかでした。私は、彼との面接の中で「何がそんなに君をプログラミングに熱中させるのか？」「どういう瞬間に嬉しく感じるのか？」「プログラミングに興味がない人と君の違いは何か？」とさまざまな質問をすることで、彼の中にある「強み」をみつけていきましたが、彼は自分の「花」を認識している一方、「雑草」に引っ張られているような印象をもったのです。というのも、プログラミングについて熱中して話している最中に、「学校」や「中学」という単語が出てくると、分かりやすいほど、暗い表情に変わったためです。

「ちなみに『学校』や『中学』っていう単語を聞いたら、どんな光景がみえてくる？」（私）

「なんか、皆、自分の方をみて、負け犬だとクスクス笑っている光景が出てきます」（彼）

私は彼のこの発言を受け、彼の中にある「花」にフォーカスする一方、しっかりと「雑草」をならすことも重要だと判断し、マインドフルネスを教えていきました。彼は頭の中で「中学」や「学校」という言葉が出てくると、目の前に「教室で笑われている光景」をみていました。朝起きたときも、その言葉によって作られた映像を見ていたのです（そのような映像をみると行きたくなくなるのは当然ですよね）。ですから、この「中学」という言葉が作り出す映像に惑わされないように、「思考（頭の中の言葉）」を一歩引いて、客観的にみる練習をしていきました。「ライオンのこと考えているから、今、目の前にライオンが出ているんだな」と観察できるようになると、もはやバーチャルのライオンに驚かなくなってくるのです。彼と私は「あっ、今、『中学』という言葉が、この光景を描かせているなあ」と気付くエクササイズを一緒にしていきました。

そして、それと同時に彼にクラスメイトの役を演じてもらい、私が彼の役を演じて、客観的にどう他人が自分をみているのかも考えていきました。

「なんか、まだ起きてもないことに自分で想像して作り出して、怯えていることが馬鹿らしくなってきました」（彼）

彼にとってこれらのエクササイズが功を奏したようです。自分の「花」も自覚していたため、ここからの展開は速かったです。彼は自分の作り出すバーチャルな映像がリアルではないことを確かめるために、学校に行ってみると言い出しました。もちろん、彼の「中学」という言葉から出てくる映像はバーチャルだと思いますが、ひょっとすると、現実にも起こりうることかもしれません。しかし、彼は「もしリアルだったら、速攻帰ってくる（笑）」と微笑んでいました。それから数日後、親御さんが先生に連絡を取り、彼は職員室から一緒に先生と教室に入ったようですが、そこで待ち受けていた光景は、彼の「中学」が作り出した光景とはまったく異なる世界だったことは、いうまでもありません。言葉が作り出すバーチャルな世界に振り回されずに、行動に移すことができたこの男の子は、勉強の偏差値を上げるよりも、大切な「何か」を学んだと思います。人として成長した彼の姿に拍手です。

「なんとかなる」マインドは学習できるスキル

「この先、どうしよう」と不安に感じるのではなく、「『この先、どうしよう』って今、思っているなあ」と思考を観察するのが先程の「雑草のならし方」でしたが、もう一つ、ネガティブな思考（悲観的な思考）の対処法をご紹介します。それは、「なんとかなるマインド」（楽観性）を学習することです。「ポジティブサイコロジー」の誤解である「ポジティブ思考」に一番近いテーマである「楽観性」。ポジティブサイコロジーの研究が進むにつれて、この「楽観性」も「スキル」として習得できることが分かってきたのです。ポジティブサイコロジーの創始者であるマーティン・セリグマン先生は悲観的な人と楽観的な人との間では、起きた出来事に対する説明のスタイルが異なることを見出しました。それは、「時間軸」と「影響の範囲」に関する違いです。詳しくみていきましょう。

一つ目は「時間軸」です。セリグマン先生はネガティブな出来事が起きたときに、悲観的な人は、その出来事が「ずっと続く」と「永続的」に説明してしまうのに対し、楽観的な人は、「今だけ」と「一時的」に説明している傾向があることを見出しました。たとえば、新学期、もしくは入社したばかりの職場で友人ができずに悩んでいるお子さんがいらっしゃるとします。その状況を「今だけ」と「一時的」に説明するか、「ああ、もうずっとこれからもできないかも」と説明するかで、気分が変わってきますよね？　もしネガティブな出来事が起きたとき、頭の中でその出来事を「永続的」に説明しているのなら、それに気付いて、「一時的」に説明し直すという練習を積むことで「楽観性」の筋肉は鍛えられていきます。

二つ目は、その出来事がおよぼす「影響の範囲」です。悲観的な人は、ネガティブな出来事があったとき、「もう全部、駄目だ」とその影響が「全体」に広がってしまうのに対し、楽観的な人は「この部分は駄目だったな」とその影響を「限定」して説明していました。たとえば、職場である同僚から、「君はとてもコミュニケーションが下手だね」とネガティブなことを言われたとしたら、悲観的な人は「ああ、皆、そう思っているんだろうな」と考えたり、「ああ、もう自分は駄目だ」と、「全体」に広がった説明をする傾向にあります。一方、楽観的な人は、「あの人はそう思っているんだね」と考えたり、「確かにコミュ障だけど、絵は上手いし」と、その出来事がおよぼすネガティブな影響を「限定」して説明する傾向にあったのです。皆さんはいかがでしょうか？　この説明パターンをフレームワークとして知っていると、頭の中で悲観的な説明をしているときに、「あっ、悲観的な説明パターンになっている。言い直そう」と思考のアジリティ（俊敏さ）が鍛えられ、立ち直るスピードが徐々に早くなっていくのです。私は、特に何か新しいことをはじめようとする不登校やひきこもりのお子さんによく、「人生は竹のようなもの」だとイメージしてもらい、この「楽観性」のスキルを教えています。

竹は、その生え際は節目の間隔が狭いのですが、伸びていくに連れて、その間隔も広くなっていきます。何事も慣れないことをするには力が入ります。最初は大変ですが、しばらくしていると慣れてくるので楽になります。悲観的なお子さんは、最初、大変なのでそのしんどさが「ずっと続く」と思ってしまいがちです。「こんなのがずっと続くなんてマジ無理。もうこの竹、伐ろう」と止めてしまうのです。ですから、私は「このきつさがずっと続くって思ってない？」「過去に最初は大変だったけど、慣れてきて楽になった経験ある？」「まだ生え際のところで判断するのは早くない？」と問いかけ、彼らの中で、このきつさは「今だけ」なんだと、楽観性の説明にし直すよう手助けしています。竹のイメージをもつことによって、今のネガティブな出来事は「今だけ」だと「一時的」な説明に変えられるようにガイドするのです。もし今、お子さんが新しい場所や環境で四苦八苦されていたら、ぜひ、「時間軸」と「影響の範囲」という視点からお話されてみてはいかがでしょうか？

【「雑草」のならし方②】「楽観性」を学習する

ネガティブな出来事が起きたとき、不登校やひきこもりのお子さんがその出来事に対して、どんな説明をしているのかに耳を傾けてください。ネガティブな出来事が起きて、気持ちが下がるのは当然です。そこで下がるのは人間として自然なことですから、何も問題ないのですが、いく必要がないところまで下がってしまう悲観的なお子さんもいらっしゃいます。そのお子さんの説明パターンを聴いていると、往々にして、その「ネガティブな出来事」が「ずっと続く」と「永続的」に説明してしまっていたり、「もう人生終わった」など、そのネガティブな影響が「全体」におよんでしまっていることがあります。その出来事ではなく、自分の「説明パターン」によって、下がり続けている状態です。もし「永続的」な説明になっていたら、「今回は駄目だったね」と「一時的」な説明に修正し、「全体」に広がっていたら、「この部分は駄目だったよね」とネガティブな影響を「部分」に限定できるような説明へと修正する手助けをしてください。すでに気分が落ち込んでいるときにこの説明パターンを教えても、受け入れてくれない場合が多いので、お子さんが冷静なときに、この楽観性と悲観性の説明パターンを教えておくことは有効です。自分の「思考」に気付き、悲観的な説明パターンになっていたら、楽観的な説明パターンに修正する練習を積んでいくと、徐々に落ち込んだところから戻ってくるのが早くなっていきます。ぜひ「時間軸」と「影響の範囲」を頭の片隅に入れて、ご対応していただきたいと思います。

無意識に守ろうとする「自分」に御礼を伝える

不登校やひきこもりのお子さんの悩み（雑草）の一つに「○○しなければいけないけど、どうしてもできない」というものがあります。「意識の上ではテストを受けないといけないのは分かっているけど、受けられなかった」「外に出ないといけないのは分かっているけど、気がすすまない」など、お子さんの意識は「○○したい」「○○しなきゃ」と思っているけれど、ストップをかけているもう一人の無意識の自分がいて進めない。これは不登校やひきこもりのお子さんに限った話ではなく、私たち、大人も（痩せたいけど、食べたいなど）同じような経験をします。このように、意識下では「テストを受けに学校にいかなきゃ」「もう働きはじめたい」と思っていながらも、無意識にストップをかけているもう一人の自分がいるという状況をどのように対処するかを、ここでは、セルフ・コンパッション（自己への思いやり）というポジティブサイコロジーの理論を応用して考えていきたいと思います。ステップは三つです。

まず、お子さんに「今、自分の中で何が起こっているのか？」を擬人化させて、現状把握をすることからはじめましょう。登場人物は三人です。「自分自身」と、「テストを受けに行こう」「外に出よう」と自分の成長を後押しする意識下の「意志ある自分」、そして自分が成長することにストップをかける「無意識の自分」という三人です。自分以外の「意識下の自分」と「無意識下の自分」に名前をつけるとより客観的に考えることができるので、私は彼らに名前をつけてもらうようにしています。

意識と無意識の自分に名前をつけてもらった後、この二人が「自分」の中でどのような会話をしているのか、お子さん本人にそれぞれの立場になりきって話してもらいます。そのとき、往々にして「意識の自分」が「無意識の自分」を倒そうと戦っているにもかかわらず、「無意識の自分」が強いため、いつも「無意識の自分」が勝ってしまうというドラマがみえてきます。「意識の自分（テストを受けにいかないと！）」が「無意識の自分（点数悪くて、恥ずかしい思いするから止めとけ！）」を倒そうとすると、十中八九、決まって勝てません。それは意志が弱いからではなく、もう一人の「無意識の自分」も「自分」であり、その「自分」の立場になって考えると「無意識の自分」は「自分」を守ろうと懸命に頑張ってくれているのです。「学校に行くと周りから無視されるぞ」「外に出たら辛い思いをするぞ」「体調悪いんだから休んでおけよ」……「無意識の自分」は自分を守ろうと懸命に「自分自身」に働きかけてくれているのです。「自分」を守ってあげようと頑張っているにもかかわらず、敵とみなされ攻撃されては「無意識の自分」にとって心外です。ですから、「敵」とみなして戦うよりも、実は「無意識の自分」に対して、「守ろうとしてくれてありがとう」と御礼を言う方が得策なのです。しっかり「無意識の自分」に御礼を伝え、労ってあげることで、「無意識の自分」は少し気持ちがほころびます。そのときに、この「無意識の自分」について考えてほしいことがあるのです。それは、「無意識の自分」は「今の自分」を守ってくれますが、「将来の自分」のことは考えていないという事実です。「無意識の自分（外に出たら辛いからやめとけ！）」の声に「自分」が従い続けると、「将来の自分」にとってはマイナスに働きます。ですから、「無意識の自分」に御礼を言った後、「でも守り方が間違っているよね。」と「無意識の自分」に対して、丁寧に指摘してあげてほしいのです。「僕を守ろうとしてくれているんだね。ありがとう。でも『今の自分』は守ってくれるけど、『将来の自分』は守ってくれていないよね」と「無意識の自分」に気付かせてあげてほしいのです。そうすると、「無意識の自分」の影響力が少し弱まり、「将来の自分」を守ってくれる「意識の自分」の声が頭の中で大きくなってきます。ここで初めて、自分の意志と行動が伴ってくるのです。「自分」を守ろうとしてくれている「無意識の自分」に御礼を伝え、冷静に「将来の自分」を大切にする「意識の自分」と手を取り合う。これが「自分」の中にある「無意識の自分」と「意識の自分」が戦っている内戦を平和的に解決していく「雑草」のならし方です。このアプローチも客観的に自分の「思考」を観察していくため、お子さんと建設的な会話がしやすいので、ぜひお試しください。

【「雑草」のならし方③】　自分を守ろうとする「自分」に御礼を伝える

「〇〇しなければならないけど、それをしたら〇〇だし」と悩んでいるお子さんに対して、「自分」の中にある行動を呼びかける「意識の自分」と、それを避けようとする「無意識の自分」を別々のキャラとして取り出し、その二人が喧嘩している様子を、役になりきってお話させてください。ぬいぐるみでも何でもいいので、視覚化できるものがあると、なおいいです。お互いの言い分を聞いた上で、まずは避けようとする「無意識の自分」に「僕を守ってくれてありがとう」

と御礼を言い、労ってもらってください。その後に、「無意識の自分」に「でも、将来の僕のことは何も考えてくれていないよね」と指摘し、守り方が間違っていることを諭していく手助けをします。そうすることで、将来の自分のことを考えている「意識の自分」の影響力が強まってきます。お子さんに、この一連の口論をさせ終わった後に、「何か気付いたことある？」と尋ねてみてください。そして、その返答をもとに、「ここでの気付きをもとにできるベイビーステップは何だと思う？」と行動に繋げる問いかけをしていき、「そのためにはどの『強み』が活きると思う？」と「雑草」の会話から「花」の会話に変えていきます。「雑草」をならしながら、「花」を育てるというガーデン・アプローチの神髄です。この一人三役の会話は、お子さんが頭の中で考えている色んなことを垣間見ることができるため、「へ～そんなことまで考えているんだ」と色んな発見があり、実に興味深いです。ぜひ、お試しいただければと思います。

第五章では、自分の足を引っ張る「雑草」をならすために、ネガティブな思考への対処法や自分の中で起きている矛盾の解決法を紹介させていただきました。ぜひ、一つでも「スキル」として身につけていただきたいと思います。

第六章
「庭師」の心得：親や先生の関わり方

ここまで不登校やひきこもりのお子さんの「花」を育て、「雑草」をならし、「花」と「雑草」の割合を変えていくというガーデン・アプローチを紹介してきました。具体的には、お子さんの内的な「強み」をみつけ、それを活かしていけるように導いていくことや、ポジティブな感情を高め視野を拡げていくこと、彼らの「成長」や「希望」、「人生の意味」にフォーカスすることで前に進むサポートをしていくことでした。また、ネガティブな思考に振り回されそうになったときは「思考」を観察したり、「思考」と「自分」を切り離したり、ネガティブな出来事に対する説明を変えてみたり、自分の中にある「無意識の自分」を認めていくことで対処していくということも学んできました。

第六章では、この「庭」が栄えるための「環境」を整える私たち、大人（庭師）の心得やあり方についてみていきたいと思います。よく不登校やひきこもり支援となると、お子さん本人が変われば、すべてが解決するように思われがちですが、周囲を取り巻く「環境」も彼らに対して強い影響力をもっています。不登校やひきこもりという状態はお子さん一人一人の特性や置かれた環境等、さまざまな要素が絡み合って出てくる「現象」です。唯一の「正解」や「原因」はありませんが、ここでは「庭師」として健全な「花」を咲かせるために大切な心得をご紹介したいと思います。

子どもの表に現れた言動は「氷山の一角」

まず、不登校やひきこもりのお子さんと向き合うときに最も基盤となる土台は、彼らが表に出す言動というものは「氷山の一角」であると認識することです（図6-1）。言葉にして現れているものと実際の本音は異なるかもしれないという認識があった方が、コミュニケーションを取りやすくなります。具体的にみていきましょう。たとえば、よくある話なのですが「学校に行く」と昨晩は言ったのに、翌朝になると寝たままで行く気配がまったくないというケースがあります。表面上に現れている言葉は「学校に行く」と言っているのですが、実際には動かない。そして、朝、ベッドで寝たままのお子さんに対して「昨日行くと言ったのに何で動かないの！（怒）」と

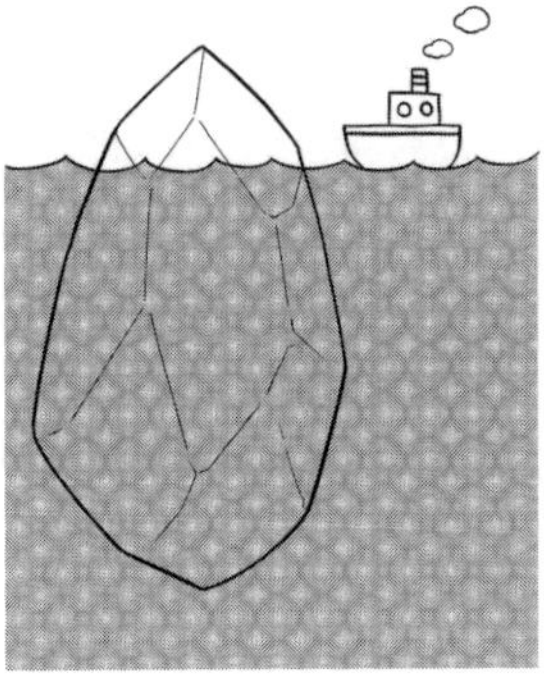

図 6-1 言葉は氷山の一角

お母さんが怒ったところで何も変わらず、イライラばかりが募っていく……本当によくある話です。私はこのお子さんの言動を「行く行く詐欺」と冗談で名づけていますが、ここでイライラした中で行われる会話はまったく生産的ではないですよね。ここでお子さんが言う言葉は「氷山の一角」であり、「本音」ではないかもという発想が頭の中にあれば、このような悪化するだけの会話を未然に防ぐことができます。たとえば、前夜にお子さんが「学校に行く」と言ってきたとしましょう。そのとき、この「氷山の一角」が頭の中にあれば、その言葉にすぐに飛びつきません。それよりも、私だったら、さらにこの氷山の下の方（本音や本心）に下りていきたいという気持ちになり、「と仰いますと？」と尋ねたくなります。

「明日、学校に行く」（お子さん）
「じゃあ早く寝て明日に備えないと」（親）

で氷山の一角だけで会話をするのではなく、たとえば……

「明日、学校に行く」（お子さん）
「と仰いますと？」（親）
「いや、だって行かないといけないもんでしょ学校は」（お子さん）
「あなたはそのことについてどう思うの？」（親）
「自分は実際、行っても行かなくても変わらないと思う」（お子さん）
「と仰いますと？」（親）
「だって、○△×○△×」（お子さん）

と会話が続いていき、氷山の下の方、つまり彼らの本音や本心に近づいていきます。お子さんの本音や本心が出てきたときに、初めて価値ある生産的な会話が生まれます。そして、お子さんからみても、この行為は「自分の意見にちゃんと耳を傾けてくれている」と実感する行為になるでしょう。人間はこのプロセスを通して、心理的な安心・安全をもち、信頼関係を構築していきます。ですから、不登校やひきこもりのお子さんと会話をするとき、今、表に現れている言動は「氷山の一角」にしかすぎないということを念頭に置き、本心に近づけるように「と仰いますと？」「何がそう言わせるの？」と氷山の下に行けるよう、質問をしていってほしいと思います。今、まだお子さんと会話ができる関係性があれば、ぜひ、試してみてください。きっと「そんなこと考えていたんだ」という気付きがあると思いますし、会話の「質」も変わったと実感されると思います。

子どもの「質問」には簡単に「答え」を与えない

「庭師」の心得として、お子さんの本心に近づくためには、「子どもの質問に簡単に答えない」という姿勢も大切です。たとえば、お子さんが「やっぱり学校に行った方がいいかな？」とか「このまま家に居続けたら駄目だよね？」と尋ねてきたとします。そのとき、「そうよ、将来のこと考えたら行った方がいいわよ」とか「もういい歳だしね。そろそろ働いた方がいいんじゃないの」と答えたら、怒ったように「もう、そういうことじゃない！」とか「違う！」と言ってくるケースがよくあります。向こうから「学校行った方がいいかな？」と尋ねてきたのに、それに答えると「もう違う！」と怒られる……。こちらからしたら「えっ⁉」って感じですよね。しかし、このやり取りの中から、一つ本質的なお子さんの心理がみえてきます。それは、すでに彼らの中に「答え」があるという事実です。「学校に行った方がいいかな？」と質問してきたにもかかわらず、返ってきた「答え」に対して「違う」ということは、彼らの中に、すでに何かしらの「答え」があり、返ってきたのが「自分の答え」と違うので、「もうそうじゃない！」と「自分のこと本当にわかってくれていないよね」と怒ってくるのです。ですから、お子さんが進路や今後のことなどについて質問してきたら、「氷山の一角」を念頭に、「氷山の下に答えがあるかも」という発想で、こちらが答えるのではなく、「質問返し」をしてほしいのです。

「学校に行った方がいいかな？」（お子さん）
「将来のこと考えたら、行った方がいいに決まってるじゃない！」（親）
「もうそうじゃなくて！（怒）」（お子さん）

ではなく、

「学校に行った方がいいかな？」（お子さん）
「と仰いますと？」もしくは、「学校に行った方がいい？」（親）
「だって、○△×○△×」（お子さん）

と彼らの本心をしっかり聞いてほしいのです。もしかすると、お子さんも自分の中に「答え」はあるのに、モザイクがかかってみえていない状態なのかもしれません。ですからその霧を晴らすイメージで質問返しをしてほしいと思います。ちなみに、「では親や先生である自分の意見は言ってはいけないのか？」と思われるかもしれませんが、そうではなく、しっかりと彼らの本心を聞いた上で、それを踏まえてアドバイスをしてほしいのです。そのとき、「自分は○○だと思うけど、あくまでも一意見だから。どう思う？」と「一意見にすぎない」ということを示して、「子どもの意見を尊重している」という姿勢をみせた上で、必ず、それに対する相手の意見をもらってください。もし「よいと思う」ときたら、「でしょ？」と飛びつくのではなく、「と仰いますと？」とまた深掘りしていきましょう。

子どもの「言葉」ではなく、「感情」を聴く

次にお伝えしたい「庭師」の心得は、お子さんの「言葉」ではなく「気持ち」を聴くという姿勢です。つまり、「共感」です。これは今も昔も変わらない普遍的な不登校・ひきこもり支援の基本ですが、よく不登校やひきこもりのお子さんをもつ親御さんから「何を話したらいいかわからない」、「どう声をかけていいかわからない」というご相談をいただきます。向こうから話しかけてきたとき、どう反応すればいいか分からないというお悩みも多いようです。そういうとき、ぜひお子さんの「気持ち」を聴き、その「気持ち」を声にして伝えてほしいと思います。お子さんがどこか苦しそうな表情をしていたら、「苦しいよね」。退屈そうな表情をしていたら、「退屈だよね」。辛そうな表情していたら、「辛いよね」。お子さんの「言葉」だけでなく、「今、どんな気持ちなのか」を推測して、その「気持ち」を聴き、言葉で伝えてみてください。もちろん、タイミングも大事ですが、この行為は、お子さんにとって、「あっ、お母さん（お父さん）、自分のこと分かってくれているんだ」という気持ちにさせてくれるでしょう。よく進路や将来の話になると、不登校やひきこもりのお子さんは、親御さんを「敵」とみなしてきます。

「将来、どうするのよ?」(親)@リビング

「ああ、もううるさい!」⇒自分の部屋に戻る(お子さん)

本来はお子さんの「応援者」であるはずなのに、「敵」とみなされては本望ではありません。しかし、お子さんの将来への「親御さんの心配」は彼らからしたら、「外圧」になるときがあるのです。親御さんがお子さんの将来をご心配されるのは当然です。しかし、親御さんが「外圧」になっているのであれば、彼らからすると「二重の苦」です。もし、今そのような関係性であれば、まずは「味方」に回ってほしいと思います。それが、上述した「気持ち」を聴くという行為です。

ぜひ「気持ち」を聴いて、ただその「気持ち」を言葉で伝えてください。また、ここで気をつけたいポイントは、「共感(Empathy)」は「同情(Sympathy)」ではないという点です。「相手の立場になって考えてみる行為」が「共感」であり、「相手と同じ気持ちになり、その状態を評価する」のが「同情」です。「うちの子が可哀想」と仰る親御さんがいらっしゃいますが、それは「共感」ではなく、「同情」です。「可哀想」は「気持ち」ではなく「評価」であり、相手の立場からの言葉ではありません。その気持ちをもっていることに対して、評価するのではなく、まずは「ありのまま」を伝えて、彼らと同じ景色をみていただきたいと思います。

信頼関係を築くために、嘘はつかない

「嘘をつかない」というシンプルな心得も「庭師」として、とても重要です。なぜこのような当たり前のことをわざわざ申しているのかというと、不登校やひきこもりのお子さんをもつ親御さんからご相談を受ける中、よく「息子には○△○△と言っているんですけどね」と本心とは裏腹なことをお子さんに言われている親御さんが結構、多くいらっしゃることに気づいたからです。不登校やひきこもりになったお子さんに対して、なんとか動いてもらおうと話を作られたり、腫れものに触るように都合のいいことを言いたくなるのは、なんとなくわかります。親御さんが「息子にはいつまでも休んでいいよと言っているんですが……」と仰られるとき、「その『が』以降に続く文章を教えてくれませんか？」と尋ねると、「やっぱり、もう行動してほしいと思うんです」と仰られる……。その表面上の言葉と親御さんがもつ本音との間にある矛盾は、残念ながら、お子さんに非言語の形で確実に伝わっています。「こんなことは息子には言いませんけどね」……そう仰られても、確実に伝わっていることがほとんどです。私は特に年齢が若い不登校のお子さんが前に進むようになっていくためには、親御さんをはじめとする、彼らと関わる人との信頼関係が生命線だと思っています。お子さんが部屋から出てこない、一言も話してこないというのは、彼らだけの問題ではなく、彼らと私たちとの間にある「信頼関係」が崩れているからとも言えるのです。信頼関係を構築する上で、「嘘」は役に立ちませんし、むしろ、悪化させる

ものにもなりかねません。職場でも嘘をつく上司、話したくないですよね。もちろん、お子さんが嘘をついて逆に信頼関係を損なう行為をしてくるかもしれませんが、信頼関係を構築するためにも、こちらは「嘘をつかない」というスタンスを貫きたいところです。ちなみに、元ハーバード大学ビジネススクールのデイビット・マイスター先生は信頼される指導者の指針となる「信頼の方程式」を提唱しています。それは【信頼（Trust）＝〔頼りがい（Credibility）＋当てになる（Reliability）＋安心感（Intimacy）〕÷自分志向（Self-orientation）】つまり、①自分が発言する言葉には信憑性があり、②自分の言動は一致して、③秘密をもらさないなど、心理的安全を与えていて、④自己中心的になっていなければ、信頼されるアドバイザーとしてみられるというものです。この「信頼の方程式」をひとつ念頭に置き、お子さんとの信頼関係をより強固なものにしていきたいですね。

子どもの言動に一喜一憂しない

不登校やひきこもりのお子さんと関わりだし、彼らの気持ちが上向きになっていくと、親御さんからとても喜ばれることがありますが、私はよく「子どもの言動に、どうか一喜一憂しないでください」とお伝えします。「お子さんの前進を一カ月単位でみる」これが、最後の「庭師」の心得です。普段、笑顔が増えてきたとか、自分で「〇〇をやってみようかな」と実際に行動したなどの報告をもらいますが、順調に行けば行くほど、少しでも悪いことがあると非常に気を落とされる親御さんがいらっしゃいます。お子さんも感情をもつ人間であり、人の成長は「心電図」のように上がったり下がったりしながら、遠くからみると全体的に右肩上がりになっているという具合に進んでいくものです。そのため、お子さんの気分がちょっと落ちこんだり、上がったりしたとしても、「よくなっている」「悪くなっている」などの評価は先延ばしにする必要があります。

人は「曖昧なもの」と同居することを嫌います。白黒はっきりすると理解しやすいため、脳も疲れませんが、曖昧なものと居続けると、脳は過重労働を強いられ、疲れるため嫌なのです。人はすぐに「よい」「悪い」と評価して、理解できる形にしたがる傾向にありますが、この「曖昧なもの」が「リアル」であり、白黒はっきり分けられるものの方が実際は少ないですよね。お子さんの状態が「よくなっている」「悪くなっている」という評価を一旦、先に延ばして、「曖昧な状態」と同居する、これは、お子さん云々ではなく、私たち、庭師の「成熟さ」に関わる問題です。皮肉な矛盾なのですが、不登校やひきこもりのお子さんをもつ親御さんの肝が坐れば坐るほど、彼らは前に進み出し、親御さんがお子さんの状態に一喜一憂すればするほど、前に進みにくくなるという矛盾がよく起こります。確かに、自分の親がいつも自分の一挙手一投足に一喜一憂されたら、窮屈ですよね。この心得は「ただ見守りましょう」ということではなく、お子さんの「成長」を少し遠目に「一カ月単位でみていきましょう」というお話です。お子さんが自分の「花」

を育てようと取り組みはじめたとしても、人間ですから落ち込む日も必ずあります。その姿に「庭師」の私たちまで落ち込むのではなく、そこから戻ってくるまで、何日くらいかかるのかに注目しましょう。前まで一週間かかって戻ってきていたのが、三日で戻ってきたら、それはその子の成長であり、前進です。その「成長」をお子さん本人に伝えてあげてください。「庭師」の一喜一憂よりも、彼ら自身が自らの「成長」を喜べる環境を整えることこそ、私たち「庭師」の仕事です。彼らの言動に一喜一憂して、ネガティブな感情に振り回されそうになったときは、ぜひ第五章の「雑草」をならすエクササイズをして、私たち自身も一緒に「成長」していきましょう。

この章では、「庭師」である私たち、大人の関わり方について、お子さんの表に現れる言動ではなく、彼らの「本心」と向き合うことについて、いくつかポイントをご紹介させていただきました。「庭」に「花」が咲いたり、「雑草」が生えたりするのは、その「庭」を取り巻く「環境」にも大きな要因があります。特にお子さんの年齢が若ければ若いほど、「環境」（周囲の大人の関わり方）の影響は強いものです。「庭」のことだけを考えるのではなく、「環境」の一部である私たち「庭師」のあり方についても、しっかり考えて行動していきたいものですね。

第七章
よくある質問Q＆A

この章では不登校やひきこもりのお子さんをもつ親御さんからよく伺う質問について回答してみました。もちろん、不登校やひきこもりのお子さん一人一人の背景や特性によって、その対処法は異なるため、一概に言えるものではありませんが、少しでも何かの参考になればと願っています。

よくある質問①　「行く」と言っていたのに行かないんです。

不登校やひきこもりのお子さんに夜、「明日はどうするの？」と聞いてみると「明日は行くから」と返答される、にもかかわらず、翌朝になるとやっぱり起きてこない……よくあるお話です。行くと言ったのに行かない。期待していたのに裏切られた。このようなある種の失望感をご経験された親御さんも多くいらっしゃるかと思います。

第六章でも登場したこの「行く行く詐欺」は不登校・ひきこもり支援業界では「あるある」の鉄板です。このご質問に対しては、もしかすると心理学で用いられる「行動変容」のステージを知っていると冷静に対応できるかもしれません。心理学のある理論では、人の行動が変わるとき、以下の五つのステージがあると言われています。それは、「無関心期」→「関心期」→「準備期」→「実行期」→「維持期」という五つのステージです。それぞれ、簡単に説明すると、

①「無関心期」＝変わる必要性すらわかっていない状態
（例：この引きこもりの状態のままでいいよ。楽だし。）

②「関心期」＝変わる必要性があるとわかってきた状態
（例：ちょっとこの状態から脱出した方がいいかも）

③「準備期」＝変わるために心の準備をしている状態
（例：この状態から脱出するには△△をする必要があるな）

④「実行期」＝変わるために行動を起こす状態
（例：よし△△△をやろう）

⑤「維持期」＝慣れるまで実行し続ける状態

（例：今、しんどいけど慣れるまでもうちょっと我慢しよう）

この行動変容ステージから不登校・ひきこもりのお子さんの言動を観察すると、冷静に彼らの本音がみられるようになってきます。たとえば、お子さんが「行く」と言ったとしても、その本音は、実はまだ「無関心期」で、（なんで行かないといけないんだよ。面倒臭いから「行く」って言っておけばいいか）という思いから「行く」と言っているのかもしれませんし、「関心期」であれば、（行かないといけないのはわかっているけど無理無理、とりあえず「（いずれ）行く」と言っておこう）という気持ちで「行く」と言っているのかもしれません。人が行動を変えるためには、この五つのステージを一つずつ上がっていく必要があります。不登校やひきこもりのお子さんの「行く」という発言は必ずしも「実行期」の心理状態からくるものではないため、彼らの心理状態が今どこにあるのか、冷静に観察されることをお勧めします。そのため、第六章でみてきたように、相手が「行く」と言っても、その言葉は「氷山の一角」だと捉えることが重要です。皆さんのお子さんは今、どのステージだと思いますか？　ぜひ一度、考えてみてください。

よくある質問②　うちの子、部屋から出てこないんです。どうしたらいいでしょうか？

不登校やひきこもりのお子さんと親子間で会話があるご家庭もありますが、一方、お子さんがに関しては、切り口があると感じるのですが、親子間で会話ができない「関係性」ですと、そもそも「庭」に「バリケード」がされている状態で、その庭で「花」を育てたり、「雑草」を一緒にならしたりできないため、少し、考える必要があります。

世の中には、部屋のドアを叩き割り、強制的に施設に連れて行くような方法もあるようですが、いきなり土足で「庭」には入りたくない私は、やはり「バーケードが薄いところ」から入らせてもらえるように「会話」をしていきたいと考えます。「バリケードが薄いところ」というのは、「ふつうの会話」ができる機会を伺っていくというイメージです。もし親御さんからだと「バリケード」が高い場合、兄弟姉妹、友達など、「この人とだったら話せる」という人がいれば、その方から「ふつうの会話」をしはじめる、または、し続けられる関係性を維持してほしいと思います。

ここで最も避けたいことは、「お子さん」と「家族」が切り離されること、そして「家族」と「社会」が切り離されることです。その子にとって、繋がることができる方と「関係性」を維持するというのは彼らを孤立させないために非常に重要なことです。また、ここで「ふつう」とあえて申しているのは、「進路の話」や「条件付きの会話」ではないことを強調したいからです。まともな会話ができない関係で、進路に関する話や「学校に行かないなら、携帯ゲームさせない」などの条件付きの会話は関係性が悪化するだけです。「バリケードの低いところ」から「庭」に入っていくためには、進路のことは横に置き、まずは「ふつうの会話」ができる関係性になることを目標にしたいところです。

また、これまで一方的に親御さんの期待を押し付け、爆発してお子さんがひきこもりになった場合は、「バリケード」を少し下ろしてもらうために、謝るべきところは謝って信頼を取り戻す努力も必要になるかもしれません。合わせて、一点、頭に入れておいてほしいのが、「バリケード」の外で「見守る」だけでは時間ばかりが過ぎてしまう可能性もあるということです。「見守る」というのは、見守られている側が「自分のことをケアしてくれている」と感じて初めて成立します。「見守ること」は「何もしないこと」や「放っておくこと」ではないのです。「見守ろう」と放っておいても、お子さんからすると「自分は見捨てられた」と思うこともあるかもしれません。もし、「バーケード」が高すぎてどうしようもないときは、少なくとも「家族」と「社会」が切り離れることだけは避けたいので、ぜひ保護者支援や親の会、市町村区のソーシャルサポートなどをご利用いただきたいと思います。「ひきこもり」を「社会病理」と主張する社会学者もいらっしゃるように、もしかすると家族だけで解決するお話ではないのかもしれません。一人で思い悩むのではなく、ぜひ社会と繋がり、少しずつでも「バリケード」を下げる作戦を練っていきましょう。

よくある質問③　うちの子の「完璧主義」さえ直ればと思うんですが……

不登校・ひきこもりのお子さんをもつ親御さんのご質問でよく伺うのが「うちの子は完璧主義

でプライドが高い」という言葉です。「すべてできていなかったら、やらない」という行動をよくとるというのです。「完璧じゃないとやらない」という不登校・ひきこもりの心理とは、一体どのようなものでしょうか？　考えられる中で最も確率が高い心理状態は、「恐怖」です。「完璧でない自分の状態を他人がどのように評価するのか？」という「恐怖」が完璧主義の不登校・ひきこもりの心理で最も多いと思われます。もちろん、例外もありますが、往々にして『正解』や『〇』でない自分を他人はどのように評価するんだろう？『×』に見られるのは嫌だ」という心理が彼らからよく見受けられます。アスリートのように「完璧な状態になりたい」という積極的な理由ではなく、「完璧じゃないと何が起こるか分からない」という、「恐怖」から「避ける」という行為を本能的にとっているケースが多いようです。このような状況で「他人の目は関係ないから」とアドバイスしても、まったく受け入れられなかった親御さんも多いのではないでしょうか。

というのも、「他人の評価が気になる」という心理状態が「気になるけれど、それに振り回されなくなる」までには、まだいくつもの心理的ステップがあるからです。ここで不登校・ひきこもりのお子さんに伝えたいことは、まず、「他人の評価」を無意識に怯えているという事実に気付くこと、そして、ただ「自分は他人の評価に怯えているんだ」と客観的に認めてほしいということです。他人の評価に怯えてもいいので「怯えている」という「事実」を受け入れてほしいのです。この事実を受け入れだすと、『「〇」ではない私』を受け入れだす心理へと変化していきます。完璧主義のお子さんに経験させたいのは、まさにこの心理的な変化です。彼らが「恐怖に怯えている自分」に気付き、そんな自分を受け入れだすと、他人の評価は気になりますが、その恐怖の度合いが軽減し、ひきこもり状態から前に進みやすくなっていきます。「△」の自分が「本当の自分」であるという事実に気付きはじめるのです。「○」ではない自分、でも「×」ではない自分。他人の評価が気になるのは、人間が社会的な動物である以上、仕方がないことです。ですから、気にならなくなる必要はありません。気になることで怯えてしまっている自分に気付くこと、その怯えている自分を受け入れることで他人の評価を気にしながらも、少しずつ行動に移せる「不完全」な「△」の自分へと変化していきます。このプロセスを促進するのが、第五章でみてきた自分の「思考」に気付く練習です。まずは、完璧主義に陥っている状況で「恐怖」を感じている自分に気付くことができるようサポートしていきましょう。

よくある質問④　子どもの将来が心配で仕方ありません。どうすればよいでしょうか？

お子さんが不登校やひきこもりの状態になると、親御さんは彼らの将来のことで不安になったり、ご心配されたりします。「この子の将来どうなるのかしら？」「昼夜逆転は治るのかしら？」……自宅にずっといるお子さんの傍にいると、心配してしまうのは親心として当然です。一方、不登校やひきこもりの親御さんと関わっている中で、「必要以上に」ご心配されている親御さんもいらっしゃるのではないか、と感じてしまうこともあります。

「先週の日曜日は中学時代の友人と遊びに行っていたのですが、今週はずっと外には出ずに……」

「週二回外に出ると言っていたのに、一回しか出なかったんです。残念です……」

このように「○○はしたけれど、でも……」の会話パターンでご心配される親御さんは、ひょっとすると、必要以上に心配し過ぎてしまっているかもしれません。なぜなら、前章でもみたように「○○はした」というポジティブな出来事は「当たり前」のことにしてしまい、「でも……」以下のネガティブなことばかりを考えてしまい、誤解を恐れずに申すと「自分でさらに自分を不安にさせている」状態に陥ってしまっているかもしれないからです。もし、親御さんご自身がそのような状況になっていたら、意識的にポジティブな出来事にも目を向けるように脳を再教育しなければなりません。それはすべてをポジティブに捉えるのではなく、「当たり前」にしてしまっている些細なよい出来事に気付き、バランスを保てるようにするということです。そうでなければ、「○○はしたけれど、でも……」といつまで経っても、親御さんは不安と心配のループから抜け出すことができません。

「親だから心配するんです。」

百も承知です。しかし、私はご心配され過ぎている親御さんに対して、いつも、このようにお伝えさせていただきます。

「親だから心配するかもしれませんが、親だからこそ『信頼』してあげてください。」

よくある質問⑤　「信頼」しなければいけないとは思うんですが、それでも心配なんです。どうすればいいでしょうか？

もはや一つの「修行」だと思ってください。というのが冗談まじりの本音ですが、まずは親御さんご自身の不安や心配レベルを数値化されてみるのはいかがでしょうか？「〇」がまったく不安や心配がない状態で「一〇〇」が不安や心配で今にも倒れそうな状態とした場合、どの辺りにいらっしゃいますか？　数値化することは感情を客観的にみることを助けてくれます。今の不安や心配を数値化できたら、なぜその数値をつけられたのか、その理由を考えてみてください。たとえば、不安レベルを「六〇」とつけられた場合、なぜ「五〇」ではなく「六〇」なのか？　なぜ「七〇」ではなく「六〇」なのか？　と自問自答していただきたいのです。そうすると、「息子がこのまま引きこもったらどうしようと心配しているけど、まだ友達とたまに会ったりしているから、六〇なのかも」など、漠然とした不安や心配が少しずつ明確になっていきます。また、もし余裕があれば、ぜひ、その理由に頭の中で議論や反論をしてみてください。「『このまま引きこもったらどうしよう』と思っているけど、果たして本当？」とその理由が正しくない根拠を探してみるのも不安や心配レベルを下げるのに役立つかもしれません。これはお子さんが不安や心配を感じているときも同様です。「今、不安レベル、何点くらい？」「なんでその点数なの？」「あっ、よかった。一〇〇じゃないんだね。ちなみに一〇〇じゃないのはなんで？」「なるほど、ちなみにその根拠、本当にそうなの？」などを伺うことで、目には見えない「感情」を客観的に扱えるようにしていきたいのです。この方法をしっかり学びたい方は、大野裕先生の「こころが晴れるノート：うつと不安の認知療法自習帳」（創元社）をお勧めします。一般の方でも自分の不安をセルフケアできるように分かりやすく書かれていますので、今、親御さんが不安や心配で仕方がないという状況でしたら、是非、手にとってみてください。

よくある質問⑥　子どもが後期から復学するのですが、不安だと言ってきます。何と声をかければよいのでしょうか？

このご質問は親御さんではなく、お子さんが何かに取り組もうとする前に不安を感じられているケースですね。こちらの「不安」に関しても先程と同様、数値化して、その理由を考えていくという手法も効果的ですが、ここではポジティブサイコロジーの「勇気」の知見から考えたいと思います。人は「勇気」という言葉を聞くと、火の中に飛び込んでいくレスキュー隊のような身体的な危険を伴う勇気を連想しがちですが、ポジティブサイコロジーの「勇気」とは、「危険、不確実性、恐怖があるにもかかわらず、道義的で価値ある目的に向かっていく行動意志」と定義されており、身体的なものから心理的なものまで含みます。他の人にとってはまったく不安や恐怖を感じないものでも、自分にとっては「怖い」と感じるものがありながらも、行動する意志がある状態を指し、この「勇気」は習得可能だと言われています。この「勇気」のポイントは、「行動意志を高めること」と「恐怖を下げること」という二軸によって「勇気」が成り立っているという点です。

つまり、お子さんが次の一歩を踏み出すためには、不安や恐怖を下げるか、行動意志を高めるかの二つのアプローチがあり、不安や恐怖があっても行動意志がそれをちょっとでも上回っていれば、人は行動できるのです。「後期から復学するのですが、不安」というご質問に対して、私だったら、まず「不安」が何点くらいで、「行動意志」が何点くらいかを伺ってみたいところです。もし伺った段階で「行動意志」が「不安」よりも点数が高ければ、この子は今、不安を感じているけれど、ちゃんと行動できるだろうと思うのです。ですから、「そりゃ不安に感じるよね。自然な感情だと思うよ」とその気持ちに共感してあげるくらいで問題ないと思います。一方、「不安」

の点数の方が高い場合、このお子さんが勇気を出して一歩前に踏み出せるようにするには、「不安を下げる」か「行動意志を高める」かという切り口でみていきます。不安を下げた方が効果的だと判断する場合は、上述した数値化や第五章の「雑草のならし方」のスキルを用いて、不安レベルを下げる方向性で話を進めます。「行動意志」を高めた方がいいと思った場合は、第四章でみたようにお子さんの「成長」にフォーカスし、「ここまでよく来たよね」「今、不安に感じているけど、行動しようとする意志もある状態じゃない？　二カ月前の自分からしたらどう思う？」とお子さん本人が自分の成長や進歩に気付けるような内容のお話をしていきます。また、「行動意志」を高めるために「その行為をすることによって得られるもの」に意識を向けることも効果的だと言われています。これを専門用語で「獲得型思考」と呼びますが、得られるものを考えた方が「行動したい」という意志は高まりますよね？「後期、学校へ行くことができたら、何が得られると思う？」と、不安に感じているときについつい忘れがちな、「行動することで得られるもの」を思い出してもらうような会話を仕向けることも効果的かもしれません。ここでは「勇気」という観点からお子さんの不安に対して、二つのアプローチを考えてきましたが、もちろん、AかBかの二者択一ではなく、不安を下げながら、行動意志を高めることができたら鬼に金棒です。お子さんにかけるご自身の言葉が彼らの「勇気」を高めるのに効果的な言葉になっているかどうか、ぜひ、ご参考にしていただければと思います。

よくある質問⑦　ひきこもり状態ではなくなったのですが、次は○○で遅れていて……。

　お子さんが不登校やひきこもり状態から一歩踏み出しはじめた後は、心電図のように上がったり下がったりしながら前に進んでいくと思いますが、人生、前に進めば進むほど、また新しい課題に直面するものです。これは不登校やひきこもりのお子さんに限った話ではなく、当たり前ですよね。人生を前に進めるとまた新しいチャレンジが出てきて、人は成長していきます。

　しかし、一度、ひきこもり状態であったため、またひきこもってしまうんじゃないかとご心配される親御さんも多くいらっしゃいます。そんな親御さんは、もしかすると人生を「ジグソーパズル」のように捉えていらっしゃるのかもしれません。もともと、完璧な「完成品」があり、欠けているピースを探すのが人生だと捉えていると、「まだ、このピースが足りない、まだこのピースが足りない」とないものばかりに目がいき、「完成品」が出来上がるまで心配し続ける人生になってしまいます。そもそも人生に「完成品」はない、にもかかわらずです。もしこのようにジグソーパズル型で人生を捉えていらっしゃるのであれば、新しい「人生観」で捉え直す必要があるかもしれません。新しい人生観とは、人生を「レゴブロック」のように捉える見方です。レゴブロックは目の前にはバケツに入ったピースがあり、一個ずつ拾っては、「これとこれを繋げたらどうなるかな？」と試行錯誤しながら組み立てていきます。「町」ができるかもしれませんし、「ロボット」ができるかもしれません。人生が続く限り、そのレゴブロックは繋ぎあわされ、寿命というタイムリミットがくるときまでに作り上げた作品が、自分の人生だったという見方がレゴブロック型の人生観です。私はこのレゴブロック型の人生観の方が、より現実を反映していると思いますし、また、今、手元にあるレゴブロックをどうやって活かしていこうか？　とすでにもっている自分の「強み」（花）に注目して、人生を創りはじめることができるように感じます。もし、不登校やひきこもりのお子さんが一歩前に踏み出されて、また新しい成長の機会に差し掛かっていたとしたら、ぜひレゴブロックを組み立てるように、彼らの「成長」にフォーカスしていただきたいと思います。

よくある質問⑧　ポジティブな声がけをしているのですが、なかなか動きません。

「ポジティブ」という言葉のニュアンスから、とにかく前向きに声がけすればいいと思われる親御さんや先生がいらっしゃいますが、ただやみくもにポジティブな声がけをすればいいというわけではありません。たとえば、お子さんが不登校やひきこもり状態で、外での経験が少ないため、「自分は他の人と比べて経験がなく、遅れている」と思っているとします。このようなお子さんに対して、後押しするためにはどのような声がけが適切でしょうか？　じっくりみていきましょう。「自分は他の人と比べて経験がなく、遅れている」という考えに対して、さまざまな声がけがあるかと思いますが、ここでは以下の三点に注目したいところです。それは、①他者との比較、②経験のなさ、③これまでの人生の否定です。ただやみくもにポジティブな言葉で励まそうとしたら、以下のような声がけが考えられます。

①　他者との比較　⇓「他人と比べなくていいのよ」
②　経験のなさ　⇓「これから一歩ずつ経験を積んでいけばいいんだから」
③　これまでの人生の否定　⇓「過去は変えられないけど、未来は変えられるから」

よく耳にしたことがあるような内容ではないでしょうか？　しかし、ここで注目していただきたいのが、これら①から③に対応したどの声がけも、お子さんの「過去」は「どうしようもない、消せない悪いもの」という意味合いが隠されています。「（そのような悪いものを持っていたとしても）他人と比べる必要ないのよ。あなたはあなたなんだから」「（そのような悪いものを持っていたとしても）これから一歩ずつ（よいものを）積んでいけばいいんだから」「（そのような悪いものを持っていたとしても）未来は変えられるから」。いかがでしょうか？　目の前のお子さんにいくらポジティブな言葉をかけて励まし、解決しようとしても、「自分の過去は悪いもの」という暗黙の了解が、不登校やひきこもりのお子さんと周囲の大人との間に存在しているように感じませんか？　このようにお子さんが過去に部屋の中だけで過ごした時間を「どうしようもない、消せない悪いもの」と心の中で思いながら、私たちがポジティブな声がけをしたとしても、彼らの自己肯定感を高めることはできませんし、ひきこもり状態から前に歩き始めるまで、相当な時間がかかりそうな気がします。ポジティブサイコロジーは過去よりも未来にフォーカスする心理学ですが、過去を否定して未来に解決策を求めるのとは少し違います。従来の心理学のように過去のネガティブなものを治すことにフォーカスするのではなく、ポジティブサイコロジーは過去の成功体験を分析して、そこからその人なりの「勝ちパターン」をみつけ、未来に応用しようとするアプローチです。ですから、「部屋の中で過ごしていたひきこもりの時間」を「どうしようもない、消せない悪いもの」と捉えるのではなく、その中でも未来に活かせるリソースはないかを考えていくことが非常に重要なのです。

たとえば、部屋の中でずっとゲームをしていたお子さんは、ゲームの中でも確実に「強み」を使っています。「強み」は内的なものなので、リアルとバーチャルの区別がありません。ですから、いかにゲームの中で鍛え上げたその「強み」をリアルの中でも使えるかを考えることによって、「これまでの時間が必ずしもすべて無駄ではなかった」という感覚をもたせるように仕向けていくのが、ポジティブサイコロジーのアプローチです。

また、多くの不登校やひきこもりのお子さんは「この状況を打開しないといけない」「なんとかしなければいけない」と心の中でもがいた経験が必ずあります。現実から逃げた後ろめたい気持ちや後悔といった負の感情をもちながら生きてきた過去があります。「逃げた行為」ばかりに目がいってしまいますが、私はこの後ろめたい気持ちや後悔、挫折感といった負の感情をもちながら生きてきた経験は、生涯の財産になると確信しています。

このような負の感情をもち続けてきた時間は、ウエイトトレーニングのように負荷をかけながら生きてきたようなものです。彼らはその経験を通して、確実に「心の足腰」は強くなっています。暗い土の中でしか根っこは伸びていかないように、彼らが部屋の中で一人もがき苦しんだ経験は、表面上ではわかりませんが、確実にその根を下へ下へと伸ばしてきた証です。学校教育では、この「根」の部分は評価されません。表面に現れる勉強や部活という二つのモノサシでしか測られないため、それらをしていない時点で「遅れている」と感じてしまうのも仕方がないことなのかもしれません。

しかし、本来、人間というのはもっと複雑な生き物で、この「根」の部分、つまり、逆境力やレジリエンスといった「心の足腰」の強さは将来、社会で生きていく上でかけがえのない財産となっていきます。傷ついた分だけ、人に共感できる優しい人間になっています。もがいた分だけ、折れない心が育まれます。

ですから、私は不登校やひきこもりのお子さんと話をする中で、彼らが一人でもがいてきた経験を聞けば聞くほど、なんだか「おめでとう」と言いたくなってしまうのです。そのため、「自分は他の人と比べて経験がなく、遅れている」と悩んでいるお子さんに対して、「そうじゃない」とはっきり言える自分がいます。ですから、私は「他の人と比べる必要はないから、今から一歩ずつ経験を積んで未来を変えていこう」と安易には言えません。ポジティブサイコロジーは「これからは前向きに考えよう」「幸せになろう」という生ぬるいものではないのです。「ポジティブな声がけをしているのですが、なかなか動きません」というご質問に戻りますが、親御さんや先生の中で、何を「ポジティブ」に捉えているのかを一度、振り返っていただければと思います。そして、不登校やひきこもりという経験がもたらすプラスの側面について、ゆっくり考えてみてはいかがでしょうか？　その側面を親御さんや先生ご自身が受け入れた形でかけられる言葉は、「何を言うか」に関係なく、お子さんにとって、言葉以上の「何か」がきっと伝わるんじゃないかと思います。

よくある質問⑨　今、二〇代前半なのですが、大学に行かせた方がいいでしょうか？

一〇代・二〇代の不登校やひきこもりのお子さんへアウトリーチをしているため、高校卒業後の進路についてご相談を受ける機会が多いのですが、人の数だけ人生のストーリーがありますので、一概にこの進路がいいという「正解」はありません。というのが、このご質問に対する模範回答だと思いますが、それでは芸がないので、ここではあくまでも個人的な見解としてお話させていただきます。

高校卒業後、または卒業後にそのままひきこもったり、大学入学や就職したけれども、途中で辞めてひきこもっている二〇代前半のお子さんに対して、私は「猶予期間」を獲得しに行くことが重要だと思っています。高校卒業後の選択肢として、①日本の大学進学、②日本の専門学校進学、③就職、④海外留学、⑤起業、⑥アルバイトという六つの選択肢が主に考えられます。ここでもしお子さんに何かしたいことがあり、それに直結する道があるなら、わざわざ大学に行く必要はないかと思います。

しかし、まだやりたいことがない、もしくは将来がまったく描けないという状況で、ご家庭にも金銭的な余裕があるのなら、「猶予期間」を取りにいくのはありなのかなと思っています。私がここでいう「猶予期間」とは、欧米諸国では当たり前のようにある「ギャップイヤー制度」のようなものです。ギャップイヤー制度とは、高校卒業後に大学には合格したけれど、入学前に一年間、猶予期間をもらってインターンシップをしたり、留学をしたり、世界を旅したり、自分で決めて一年間、さまざまな体験をする制度のことです。多感な一〇代後半から二〇代前半という時期に、さまざまな経験を通して原体験をつくることができるこのギャップイヤー制度は青年期のアイデンティティの確立や将来の方向性を吟味する上で非常に有意義なものだと個人的には思っています。しかし「新卒採用」が未だに価値を置かれる日本社会において、なかなかこの制度は受け入れられていないのが現状です。もし、ひきこもりのお子さんがその気で、ご家族も同意するのなら、私は「勝手にギャップイヤー」と称して、旅に出たり、ボランティアをしたり、色んな経験を積み、世界を拡げるのはありだと思います。しかし、個人よりも所属先を重んじる日本社会において、なかなか所属先がない中、開き直って悠長に旅に出かけたりできるお子さんは少数派だと思います（それができれば、そもそも、ひきこもってないと思います）。

「周りの同級生は確実に階段を上がっているのに、俺はなんで今こんなことをしているんだ……」とギャップイヤー中に悩みそうなら止めた方がいいでしょう。そこでお勧めしたいのが、とりあえず、入れる大学に片足だけ突っ込み、「合法的な（?）猶予期間」を得るという方法です。勉強したいことがないのに大学に行っても意味がないというご意見や、とにかく働かせた方がいいというご意見もありますので、これが唯一の「正解」というわけではないのですが、個人的な意見として、「大学に行くこと」よりも、この一〇代後半から二〇代前半という人生において多感な時期に「猶予期間」を「社会」も許してくれる形で確保し、そこでさまざまな経験を積むことは、非常に意義深いことなのではないかと思っています。特にできることなら、私は海外に出向くことをお勧めしたいです。「学校」と「家」だけが「社会」ではなく、飛行機に乗って数時間行ったところにも、別の「社会」があることを肌で感じ、ぜひ視野を拡げてほしいと思います。

さらに調子にのって言ってしまうと、その辺の日本の大学に高いお金を出して行くくらいなら、東南アジアの大学に進学する方が、「一から人生をやり直したい」と思われるお子さんにとっては非常に価値あるものになるかもしれないと思う自分もいます。学費も安いですし、日本を含めた「発展過剰国」の「常識」では測れない現地の人の考え方や行動から学ぶべきものは多々あります。また学生も年齢に囚われておらず、フレンドリーな人も多く、誰もが大学に行くわけではないので、大学には勉強熱心な学生が多い印象をもっています。年功序列や終身雇用制度があったこれまでの日本社会は、一年目よりも二年目、二年目よりも三年目と価値が高まる積算式でしたが、先がみえないこの混沌とした現代社会において、価値をもたらすのは、皆が同じ方向からみているときに、別の角度からみることができる人だとも言われています。多くの人がやっていない経験は、その人独自の視点を育み、物事を別の角度からみることを可能にしてくれます。海外での学生生活はその人独自の視点を養うのを助けてくれ、卒業時には今では考えられない発想や視点をもつことができるかもしれません。とは言っても、日本での生活と比較すると、不便な生活が待っているのは間違いないので、いきなり海外に飛び込むのにハードルが高いと感じられるお子さんは、やはり「猶予期間」を日本で確保しておきながら、短期留学やボランティアなどで、まずは、ちょっと試食してみるくらいで考えていくのはありなのかなと思います。「二〇代前半で大学に行った方がいいのか？」というご質問に戻りますが、まだ二〇代前半という若さがありますので、さまざまな経験を通して、視野を拡げてほしいという願いから、「社会」も許す「猶予期間」を確保できるという意味で、とりあえず行ける大学に行くのはどうでしょうか？というご回答をさせていただきます。一意見としてご参考までに。

よくある質問⑩　今、子どもが〇〇なんですが、その場合はどうすればいいでしょうか？

不登校やひきこもりのお子さんをもつご家庭と関わる中で、よく親御さんから「この場合はどうすればいいでしょうか？　あの場合はどうすればいいでしょうか？」と状況に応じて、エンドレスにアドバイスを求められることがあります。もちろん、本書でここまでご紹介させていただいたポジティブサイコロジーの知見でしたり、これまでの経験からいろいろとお伝えすることはできるのですが、私は最終的には、親御さんがご自身で解決に向かう糸口をみつけられるようになってほしいと願っています。そこで、よくご助言を求められたとき、「もし同じことが他のご家庭でも起きたと想像してみてください。（想像できたのを確認して）そのお母さんが相談にきたら、なんてアドバイスしますか？」と質問させていただきます。すぐに答えが出てこないこともありますが、ここでしっかりと考えて出てきたアドバイスは非常に的を得ていることが多いのです。というのも、人間は主観的で視野が狭くなっているときに悩むものです。視野が狭く答えがみつからないから悩む、悩むとネガティブな感情が湧き起こり、それがますます視野を狭くする。視野が狭くなるとリソースやサポートが目に入らなくなるため、答えがみつからずにまた悩む……と負のスパイラルに入ってしまいます。私も皆さんと同じように悩みますが、やっぱりそのときを振り返ってみると視野が狭くなっているときなのです。他のご家庭で同じ問題が起きていて、それにアドバイスをするという行為は、客観的にその状況をみられる場所へと私たちを運んでくれます。しかも親御さんはその状況を詳しく知っているため、そのアドバイスが的確なのです。もし今、お子さんの不登校やひきこもりで悩んでいらっしゃるのであれば、まずは今の現状や悩みを紙に書き出してみてください。箇条書きというよりも、「こういうことで悩んでいるんだけど、もう本当にどうしよう」と手紙風に書いてみて、書き終わったら一度、手紙から離れて、コーヒーかお茶でも飲んで気分転換をしてください。そして、ちょっと気持ちが変わったなと思ったら、もう一度、その手紙に戻り、あたかも自分のご友人がその悩みを自分に相談してきたかのように読んで、ぜひ、アドバイスを書いてほしいのです。客観的な視点をもち、今の悩みに対処するためには、とても効果的なやり方の一つなので、ぜひ、試してみてください。

ちなみに、「今は行くと言っていますが、始業式に行けなかったらどうしましょうか？」と焦って仰ってくる親御さんに対して、「もし、友達のお子さんも不登校でそのような相談にのられたら、なんてアドバイスされますか？」と伺うと、「……きっと大丈夫だから、見守ってあげたらいいんじゃないの……。あれ？　真逆のこと言ってますね（笑）やっぱり他人事だと言えるんですよね」と仰られる。「でも、ご友人に思いやりのない適当なアドバイスはしませんよね？　ちゃんとご友人のこともお考えなられてのご助言でしたよね？」と伺うと「はい、確かに……（笑）」と。これは、ポジティブサイコロジーのセルフ・コンパッションという、他人に対するコンパッション（慈悲）を自分に向けて使うという手法ですが、今、お子さんのことで抱えられている「悩み」を客観的にみることができれば、これまでとは異なった発想や視点を自分自身にもたらしてくれるかもしれません。最後のご質問に対する回答になりますが、「ご友人が同じ悩みをもっていたら、どんなアドバイスをしたいですか？」という逆質問でご回答させていただきたいと思います。

第八章
ガーデン・アプローチの事例紹介

最後の章では、「花」（強み）を育て、不登校やひきこもりの状態から一歩踏み出した青少年たちのストーリーをご紹介します。五人とも不登校やひきこもりになるまで、それぞれのストーリーをもっていますが、「雑草」をならしながら「花」を育てた彼らの勇姿をご覧ください。

（※プライバシーを守るために、多少、デフォルメしていますので、ご了承ください。）

①七年間ひきこもっていた高校二年の男子のケース

まずは、都内に住む高校二年生の男の子のケースです。私が彼に出会ったのは、彼が一七歳のときでした。聞くと、なんと小学校二年生のときから七年間ずっとひきこもっているというのです。暴力的な父親と別れ、シングルマザーに育てられた彼は、小学生のとき、学校に行く目的や生きる意味を見失い、家に引きこもってオンラインゲームばかりをして過ごすようになりました。一五歳のときに病院でうつ病と診断されるも、生きる意味がないのに治しても仕方がないと通院を拒否し、家で過ごし続けました。一六歳のとき、自分の部屋で二度も自殺未遂をしています。母親にカウンセリングに連れて行かれるも、「話を聴かれるだけで意味がない」と感じ、二回目以降は続かないという状況でした。そのような中で私はお母さんから連絡をもらい、訪問支援をするようになったのです。当時の彼は、日に当たっていないため肌は真っ白で、生気が抜けたような表情をしていました。

ひきこもりのお子さんの多くは昼過ぎに起きて、夜中じゅうオンラインゲームをしていますが、このような生活の繰り返しでは、一見「強み」などないように思われるかもしれません。実際、他の人に遅れをとってしまったと自己嫌悪に陥るお子さんも多く存在します。従来の弱みや欠点を矯正するアプローチであれば、彼らを社会復帰させるためには怠惰な生活を改め、性格の部分も矯正していく必要があるとみなされるかもしれません。しかし、第三章でみてきたように、ひきこもりであっても「人間」であり、人間であれば誰しもが「強み」をもっています。彼の場合も例外ではありませんでした。私は積極的に彼のうまくいっていること、つまりゲームの中での成功体験に耳を傾けました。そこでわかったのは、ひきこもっていた七年という長い月日の中で、彼はゲームというバーチャルの世界ではリーダー的存在になっていたということです。たとえば、五〇対五〇で戦うオンラインの対戦ゲーム、マナーの悪い人は対戦中に口喧嘩をして仲間割れをすることもしばしばあるそうですが、彼は、感情的な争いは避け、本来の目的である「勝って楽しむこと」に集中できるよう、名前や年齢を非公表にして、チームを作り、メンバーを募集しました。「暴言を吐かないマナーのよい人のみ」というシンプルなルールだけを作って。このルールのもと、彼は年上のプレイヤーをチームメンバーに率いて、無駄な衝突をなくし、どんどんチームを大きくし、常にハイランクを維持しつづけたのです。また彼は「勝って楽しむ」という目的を遂行するため、チームメンバーが「歓迎されている」と感じられる雰囲気を作りました。彼曰く、チームメンバーが多いと、一日中誰かがゲームに参加するので、交代もでき、常にハイランクをキープできるそうです。見事な戦略ですよね。このお話から、彼の「チームワーク」や「調和性」（感情的な争いは無駄なものとみなし、お互いの共通点や合意点をみつけて進めていったり、グループをどんどん大きくする強み）という「強み」がみえてきます。ゲームといえども彼自身の成功体験ですから、このときばかりは普段よりいきいきとした表情で話してくれました。「強み」が発露しているときは「エネルギーが湧いてくる」というサインも第三章でみてきましたよね。彼とこれらの「強み」のよい側面やゲームをする上でどのように役立っていたのかを話し合いました。そして、「強み」はバーチャルとリアルの境界線がないので、自分の「強み」をリアルの世界でも応用してみることを促していきました。ゲームが楽しかったのではなく、自分の「強み」を活かしていたから楽しかったのだと。リアルの世界でも同じように喜びを感じられるはずだと促していったのです。彼にとっては驚きだったかもしれません。これまで家にずっといて何もせず、周りからも自分は問題があると言われ続けてきたわけですから。しかし、たとえゲームの中であっても自分の「強み」をこれまで磨き続けていたとすれば、過去の経験を肯定でき、未来にも希望をもちはじめることができるのです。

また、彼は狭い部屋の中でずっと「生きる意味や目的」を模索し続けていました。一人で部屋の中にいてもみつかるはずのない生きる目的を考えすぎて、鬱々していた状態でした。しかし、私は彼のゲームの話を聴いている中で、あることに気付いたのです。それは、彼はゲームの中でも「勝って楽しむ」という「目的」を大事にしており、これは彼の「スピリチュアリティ」（意味や目的を大事にし、それに重点を置く）という「強み」の現れなのだということに気付いたのです。彼はバーチャルの世界では、自分の「強み」である「スピリチュアリティ」を最適に活かせていたのですが、リアルの世界ではこの「強み」を使い過ぎていたのです。そこで私は彼にリアルの世界における「スピリチュアリティ」の使い方を調整すべきだと指摘し、バーチャルの世界で最適に使えているように、リアルの世界でも最適に使う方法を検討しようと提案しました。これまで「自分の中に何か悪いものがある」と思っていた彼にとって、この「強みのボリューム調整」という概念は、パラダイムシフトを引き起こすものだったようです。「自分の中に何か悪いものがあるのではなく、ただ『強み』の使い方を間違っていたんだ」と気付いた彼は、「生きる目的をみつけることを目的にしよう」と「スピリチュアリティ」を最適化しはじめました。それから二カ月後、彼は七年のときを経て、通信制高校に通いはじめることになったのです。四六時中、ゲームの中で活かしていた「強み」の使い方は彼自身が最も熟知していました。緊張するはずの友達作りも、彼は狙いを定めたかのごとく、意図的にクラスのリーダー的存在に話しかけ、共通点をみつけて友達になり、その人から他のクラスメイトを紹介してもらう形で、クラスに馴染んでいきました。彼はゲームの中での成功体験をリアルの世界にも応用したのです。そうして高校三年生になったときには持ち前の「チームワーク」が先生や友人、後輩からも評価され、文化祭の実行委員長に任命されて、一つの学校行事をやり遂げました。卒業式で後輩たちからもらった色紙を手に微笑んでいた彼の笑顔が、今も忘れられません。ひきこもり中、ずっと真っ暗だった彼のラインのプロフィール写真が、笑顔の顔写真に変わっていました。「人は変わらなくてもいい」というメッセージを添えて……。私はこの一人の青少年から、「強み」を活かすことの意義と価値を教えられました。彼との出会いによって、私は自分の方こそ「生きる意味」を与えられたような気がします。

②クラスの子たちと合わず不登校だった中学二年の女子のケース

次にご紹介したいのは関東圏内に住む、中学二年生の女の子のストーリーです。彼女は友人関係で問題があり、中学一年の秋頃から不登校になり、かれこれ不登校の状態が一年経とうとしていました。来年から中学三年になる娘さんの将来に不安を感じた親御さんからご連絡をいただき、私は訪問支援を行うようになったのですが、彼女に出会ったとき、初対面の私に対する態度や質問の受け答えから、中学二年生とは思えないほど、とても落ち着いており、私は大人びた印象をもちました。率直に聞いてみると、案の定、「周りの子が幼過ぎて、なんか嫌」だというのです。このようなケース、特に中学生の女の子の不登校に多いのです。精神年齢が周りより高く、周囲の女子のグループ間争いに嫌気がさして不登校になるケースはよくあります。このような不登校の女の子に出会うと「そりゃ、嫌になるよなあ……」とついつい共感してしまいます。「欧米圏のようにもっと色んな選択肢があればいいのに……」と思わずにはいられません。彼女が不登校になるのも仕方ないなと思う一方、では、家で何をしているのかと聞くと、スマホでユーチューブやツイッターを眺めるだけで「特に何もしていない」というのです。精神年齢が高く、ポテンシャルがあるだけに勿体ないですよね。そこで私は、目の前の問題にフォーカスするよりも、まずは彼女に自分の「強み」を理解してもらい、それを活かして何ができるかを模索していこうと、彼女にＶＩＡの診断テストを受けてもらいました。すると、彼女の「特徴的な強み」は「希望」「思慮深さ」「知的柔軟性」だったのです。私は「希望」について彼女に伺ってみると、彼女は将来、獣医になりたいという夢をもっていました。前に飼っていたペットの関係で動物病院に行く機会が多く、その影響なんだそうですが、私は彼女の「希望」がさらに活きるように、獣医になったらどんなことがしたいのかなど、面接では意図的に未来についての話しかしませんでした。すると、ある日、ポロッと彼女からこんな言葉が出てきたのです。

「高校にあがると結構、落ち着いた人も多いだろうから、高校にさえあがればいいのかも」

まったく今の学校のことなど、話題に挙げていなかったのですが、「希望」という「特徴的な強み」が、将来の目標までの経路を彼女にみせはじめたのでしょうか、四回目の面接時に、将来について真剣に考えはじめる彼女がいました。その後、会話を重ねていく中で、「中三からでも学校に戻ろうかなあ」と言いはじめたのです。しかし、彼女はどうも周りの女子の人間関係を気にしており、なかなかその一歩を踏み出すのが億劫な様子でした。そこで、「どの強みが今、自分を億劫にさせていると思う？」と伺ってみると、『思慮深さ』が学校に戻ったときのリスクばかりをみせてくる」というのです。あのくだらない人間関係のいざこざに巻き込まれたら嫌だなあと。「あ〜確かに嫌だよな……」と私自身も共感してしまうのですが、彼女には「知的柔軟性」という客観的な視点から物事を分析することができる「特徴的な強み」をもっていたので、「○○

ちゃんの『知的柔軟性』が今の状況をみたら、何て言うと思う？」と伺ってみました。しばらく考えた後、「目的は獣医になることだから、別に友達は必要ないかも」と言ってきたのです。「お～、よくぞ言った！」と感心してしまいましたが、私は念を押すつもりで「でも、今まだ中学二年の秋やけん、あと一年半もあるとばい高校にあがるまで。しんどくない友達がおらんの？」とあえて彼女にチャレンジしました。というのも、ここでの彼女との会話の本質は「何が何でも学校に戻る」ことではなく、「獣医になるために今、何ができるか？」ということだからです。彼女に短絡的に「人間関係を無視して、我慢して学校に戻る」とは考えて欲しくなかったですし、他にも選択肢があるのであれば、無理して学校に行く必要はないとも正直、思っていました。しかし、彼女の方が、私よりも一枚上手でした。

「いや、でもどこに行っても、同じように女っていうのはグループつくるだろうし、だったら、今は割り切って行く方がいいかな」と。

あっぱれですね。彼女の「知的柔軟性」は私の予想以上により広い範囲をみていたのです。彼女は「やっぱり獣医になりたい」という「希望」に後押しされ、残りの中学二年生の半年間を図書館での別室登校で過ごし、中学三年のクラス替えを機に毎日、登校しはじめました。人間関係を割り切ったことで気持ちの整理がついたのか、順調な学校生活を送れるようになり、また、同じクラスに彼女のような精神年齢が高い受験組の女の子がいて、その子と友達になり、二人で休み時間などを過ごし、うまくやりくりしたようでした。将来の獣医になるという夢は年齢と共に変わってもいいと思いますが、「何か」に向かって努力する姿は、年齢に関係なく、やはり美しいものがありますね。彼女の将来が楽しみです。

③私立高校で挫折した高校二年の男子のケース

次は高校二年生の男の子のストーリーをみてみましょう。この男の子は高校受験でなんとか進学校に入学したものの勉強についていけず挫折し、高一の夏休み以降、本格的な不登校になっていました。高校二年にあがる前の三月に出席日数が足りず、転校を余儀なくされ、地元の通信制高校に転校したわけなのですが、その学校がヤンチャな子から発達障がいをもつ子まで、実にさまざまなお子さんが通う学校だったので「自分は退学して、こんな環境にいること自体、もう負け組だ」とひどくふさぎ込んでしまっていました。彼の部屋の壁にはいくつもの穴が開いており、行き場のないエネルギーが、そこにぶつけられていました。学校も行かなくなり、一人、部屋に閉じこもる日が続いていたため、親御さんが心配して、私は訪問支援で彼と関わるようになったのですが、お会いする前に電話口で親御さんから聞いていた暴力性はほとんど見受けられず、どちらかというとむしろ真面目な印象をもつ男の子でした。

彼との初回の面接は、前校での悔しい経験や辞めたことへの後悔など、終始、過去の暗い話ばかりでしたが、よくよく話を聴いていると、彼は「絶対に一番になりたい」という思いが人一倍強く、転校前の進学校では、よりによって学年で最も成績がよかった子と自分を比較して、「俺は駄目だ」と思い続けていたのでした。また、「偏差値」というモノサシの上では、以前の進学校の方が転校後の通信制高校よりも遥かに高いわけですから、彼は「もう俺は負け組だ」と思い込み、自分が置かれた環境をまったく受け入れられずにいたのです。ここまで本書を読んでくださった皆さんにとって、たとえ「強み」の名前がわからなくても、この時点で彼は無意識に自分の何かを使い過ぎてしまっていることはもう明らかですよね？　この「強み」の名前を「負けず嫌い」と呼ぼうか何と呼ぼうかは本質的な問題でなく、大事なことは、彼にこの自然とやっている特性を自分の「強み」として認識させ、それを使い過ぎてしまっていたことに気付かせることです。そして、しっかりボリューム調整をしていけば、それは自分の「強み」として、将来、活かすことができるかもしれないと希望をもたせることが重要なのです（彼のこの特性はギャラップ・モデルで「競争性」という資質に分類されています）。

彼は自信も何もかも失っていた状態でしたので、私は彼に「競争性」という「強み」があることを伝え、その「強み」を今、間違って使ってしまっていることを指摘しました。そして、彼にこの「競争性」という「強み」があるからこそよかった出来事について思い出させ、どんどん語らせていきました。「今は間違って使っとるといっても、過去に『絶対、負けたくない！』という気持ちに駆られて、何か勝ち取ったこともあったと思うんよね。やろ？　それってどんなときやった？」聴くとどんどん彼が「競争性」を活かして、一番になった思い出が出てくるのです。塾のテストで一番になったこと、中学の運動会で一番になったこと、オンラインゲームでランキングが一番になったこと……。その当時のことを話す彼の表情、皆さん、想像できますか？　ハニカミながらも、ものすごく嬉しそうなんです。「やろ？　過去に君の『競争性』が活きとったときもあったんよ。やけん、この『競争性』を育てていったら、また一番が取れるときがきっとくるけん、今はじっくり作戦を立てよう。本当の勝負は社会に出たときからやけん、まだスタートラインにも立ってないとばい。じっくり行こう、じっくり。」希望が少し湧いてきたのか、少し目の色が変わってきていた彼がいました。しかし、一方、彼は今、「自分は駄目だ」というネガティブな思考に振り回されていたので、「雑草」をならすためにマインドフルネスを教えていき、「俺は負け組だ」という考えが出てきたら、「『俺は負け組だ』と今、思っているな」と自分と思考との間にワンクッション入れる練習をしていきました。それから数週間、だいぶ落ち着きを取り戻した彼がいたので、いよいよ「花」を育てることにフォーカスしていこうと、彼にギャラップ・モデルの診断テスト（クリフトンストレングス®）を受けてもらいました。案の定、「競争性」が上位に出てきていたのですが、「調和性」という「感情的なぶつかり合いを避け、合意点を見つけて前に進めようとする資質」も彼の「特徴的な強み」として出ていたのです。私は意外に思い、彼に尋ねてみると、小学生の時はこの「調和性」がとても出ていたというのです。クラスの子たちに優しくしたり、バラバラな意見をまとめたり、皆が心地よくいれるように動いていたというのです。そして、彼曰く、中学校に入って、塾で受験勉強をやり始めたときから「競争性」がおそらく高くなったんだろうと説明してくれたのです。なるほど。これはとても興味深い洞察ですよね。そして、彼は続けてこう言ってきたのです。

「だから、いつも自分の中に葛藤があるんですよ。なんか相手に勝ちたいと思って、何振り構わずやりたい自分がいるのに、もしそれをやったら周りの調和を壊してしまうんじゃないかという、なんか自分の中に葛藤がいつもあるんです。」

彼の中にある「競争性」と「調和性」が折り合いがあわず、自分の中でいつも矛盾が起きていたというのです。この「強み」のレンズを通してみると、とても理に叶っていますよね。私はこれをチャンスだと思いました。というのも、「調和性」という資質は、さまざまな人の意見をまとめ、合意点を見出して前に進めていくことができる「強み」であり、てんでバラバラな性格の子が多い環境で、誰よりも栄える可能性があったからです。ヤンチャな子から発達障がいの子までいるクラスをまとめられるのは、もう、君しかいないと。AEAモデルに従い、この二つの「特徴的な強み」を掘り下げていく中、彼との間で「本当の勝負は社会に出てから」、そして、「その勝負のために今、しっかり準備をすること」を共通認識としてもち、いかに今の状況では「競争性」をボリュームダウンさせ、「調和性」で勝負していくかについて作戦を練っていきました。そして、この作戦を立てたことを皮切りに、彼は「調和性」でクラスをまとめることはひょっとしたらできるかもしれないと、過去の小学生時代の経験を頼りに思えるようになり、五月雨式に学校に通学するようになりました。そして、高二の秋の修学旅行時、誰も班長になりたがらない周囲の空気を読んで班長に立候補したらしいのですが、そこで見事に班をまとめることができたというのです。この成功体験をきっかけに、彼は行事ごとでリーダーの役割を進んで買って出るようになり、また学校の先生も彼を頼りはじめたというのです。クラスメイトも彼に一目置きはじめ、見事にクラスの意見をまとめ上げていきました。

「進学校では皆同じような人が集まっていて、こんなバラバラな人たちが集まる環境じゃなかった。自分の『調和性』をさらに磨くには、今の環境の方がいいと思うし、実社会に出て必要な力ってこういうまとめたりする力だと思う。」

これが、面接中に彼の口から出てきた言葉です。彼は「競争性」のボリュームを調整しながら、「調和性」という自分の強みを他者に与えることで、自分の置かれた環境に「意味」を見出したのです。彼はその後、修学旅行や学校行事でも学級委員としてクラスをまとめていきました。進学校での挫折経験からはじまったこの一連のプロセスを経たことで、彼は進学校で勝ち続け、そのまま卒業するよりも、もっと尊い「何か」を心の中に得たのではないかと思います。

④高校中退した高校二年の男子のケース

次のケースは都内に住む一六歳の男の子です。彼は一三歳の時、教室内で過呼吸を起こし、パニック発作により欠席と早退を繰り返していましたが、中学二年の半ば頃から不登校になり、その代わりにフリースクールに通い始めていました。しかし、そこでの登校も困難になり、ひきこもりの状態となっていました。一五歳のとき、もう一度人生をやり直そうと新たな気持ちで通信制高校に入学しましたが、そこでも登校できない状態が続き、最終的に、高校を中退していました。「普通だったら学校に行っている時間なのに自分は何をしているんだろう」と自分を責め、退学後は人目が気になり、一人で外出することが困難に。外出するのは、週に一回、お母さんと一緒に趣味の電車の撮影に出かける程度で、家では自己嫌悪に陥りやすく、高卒認定合格を目標とするもなかなか勉強に手がつかない状態でした。将来についても前向きになれず、今後どうすればいいのかわからないといった状況の最中、私は彼に出会いました。

彼は人混みの中で周囲の人が気になり、過呼吸になりやすく、また中退をしてしまった過去への後悔という明かな「雑草」をもっていました。一方、その「雑草」ばかりを見て、自分のプラス面に関してはほとんど認識していない状態だったのです。過呼吸になるとき、いつも気づいたときには不安レベルが八〇％くらいになっていて、ときすでに遅し。すぐに一二〇％にいってしまい過呼吸を起こしてしまうというのです。そこで、私はまずは彼にマインドフルネスを教えて、自分の思考や感情に気付きやすくする練習をはじめました。一方、それだけだと「雑草」をならすことができるようになっても、彼の「花」は育ちませんので、VIAの強みアセスメントを受けてもらい、自分の「強み」を認識していきました。驚いたことに、VIAの結果、彼の「特徴的な強み」として挙がったのは「社会的知性」「親切心」「感謝」という人間関係を構築する上で役に立つ「強み」だったのです。また「思慮深さ」や「大局観」も彼の「特徴的な強み」でした。私はAEAモデルに沿って話を伺っていくと、実は小学生のとき、生徒会の会長をしていたというのです。我の強い子たちが多かった生徒会でそれぞれの個性に合わせながら接し、最終的な意見をまとめたりしていたとのこと。また、趣味の電車の撮影時にも、他の人が写真を撮るのに邪魔になっていないかを確認しながら撮るようにしていたと、過去にうまくいっていたときは「社会的知性」を最適に活かせていたときだったと言うのです。一方、中学のとき、教室内で過呼吸になったときは、他の人の目が気になり過ぎてしまったときや、他の人の気持ちを慮りすぎ、自分がその人の分まで責任を担ってしまったときになったとのこと。つまり、その状況において、「社会的知性」を使い過ぎてしまっていたのです。彼にとって、これまで小学のときの生徒会での成功体験と中学時の過呼吸はまったく異なる出来事として理解しており、これまで小学校のときはよかったけど、中学のときのネガティブな経験で自分の人生はすべて黒に塗られてしまったと捉えていました。しかし、自分の「強み」である「社会的知性」という観点から見たときに、それぞれの経験は「社会的知性」の現れ方の違いであり、彼の中で一つのストーリーとしてこれまでの経験が繋がったのです。また、今の一人でいるひきこもりの状態は「親切心」や「社会的知性」、「感謝」といった人間関係を構築する際に活きる「強み」を使う機会が極端に制限されており、ほとんど使えていない状態でした。それらの「強み」こそが本来の彼を表すものなのに、ひきこもりの状態はまさに「陸に上がった魚」のような状態だったのです。彼はこの「強み」の観点から捉えた自分自身の状態について、とても腑に落ちたようで、「自分らしさ」を取り戻すために、これらの「特徴的の強み」を最適に活かしていくことが次の道に繋がるのではないかと考えはじめました。けれども、いきなり初対面の人たちの中に入るのはハードルが高すぎるため、彼はまず、家族に対して、「親切心」と「感謝」を活かすことを計画し、お母さんが普段やっている家事を手伝ったり、また一日の終わりに今日一日で感謝できたことを書き続けました。また、週に一回、お母さんと外出する時は電車で席を譲ってもらったときや、お年寄りの方に席を譲ったときなど、「親切心」や「感謝」を使っているという感覚を大事にしていくことに取り組みました。マインドフルネスの練習も重ね、彼は過呼吸になる前の不安レベルが四〇％くらいで気付けるようにもなりました。それ以上、不安レベルが高まりそうなときは、駅で人混みが過ぎてから動き出したり、少し休憩するなど、「思慮深さ」を活かしはじめ、過呼吸になる頻度も著しく減少しました。その後、彼は高卒認定試験のために不登校生を対象にした個別指導塾に週一回から通いはじめ、徐々にその頻度を増やしていきました。個別指導の先生とのやりとりでも、まさに生徒会メンバーに対応したときのように「社会的知性」を活かすことができたようです。彼は今、高卒認定試験に向けて、一日一日の充実感を大切にしながら、しっかりと前を向いて歩いています。彼の人間関係に関する「花」の部分は、きっと彼の周りにいる人たちを癒していく美しい「花」となるでしょう。

⑤強豪チームの高校で挫折した大学一年の男子のケース

最後のケースは関東圏内に住む二〇歳の男の子のケースです。彼は幼少期から親御さんの勧めで武道を習い、その後、どんどん頭角を出して、中学時には部活でリーダー的存在になるほど、その武道に没頭していました。実際に私立高校運動部のスカウトもくるほど強くなり、強豪チームを有するその高校に彼は進学しましたが、実際に入学してみると、理想と現実のギャップにつまずき、不登校に。その後、通信制高校に入り直しましたが、その学校がアニメや声優などが好きなインドア派の生徒が集まる高校だったのです。これまで体育会系できた彼にとっては場違いのように感じてしまい、なかなか友達ができずに学校から足が遠のいていきました。その頃から

「生きる意味がわからない」「友達がいない」と親御さんにぶつけるようになりますが、一方で「熱い生き方をしたい」と切望するも、なかなか行動に移るところまではおよばず、ひきこもりの状態が続いていました。その後、彼は一年遅れて高校を卒業し、自分の成績で行ける大学に入学したのですが、ここでも本人が描いていた理想とは違ったようで、ゴールデンウィーク以降、再びひきこもりに。悩み抜いた末、もう大学は辞めようと、アルバイトの面接に受かったら退学する計画を立てたのですが、急に面接当日にドタキャンをしてしまいました。そんな自分に嫌気が指したのか、「カウンセラーのような人と話がしたい」と親御さんに話し、私は彼と関わるようになりました。

最初に会ったときは、非常に礼儀正しく、また身体も大きいため、「ひきこもり」のイメージにそぐわなかったのですが、とても悶々とした表情で、心の中では、とてももがいているような表情をしていました。親御さんはよき理解者でいつも彼が悩んだ時は話を聴いてあげていたらしく、彼のよさにも気付いていました。「ものすごくリーダーシップがあってよいものをもっているのに、この数年間、『何くすぶっているんだ』と思っています。」と、あれだけ武道で苦しい練習をしてきたのに、閉じこもってしまっている彼に若干のもどかしさを感じていました。自信を失っていた彼は自分の駄目なところばかりを見て、自己嫌悪に陥っている真っ只中でしたので、私は「雑草」をならしながら、「花」を育てていこうと、まずは彼にＶＩＡを受けてもらいました。

すると、彼の「特徴的な強み」は「好奇心」「社会的知性」「ユーモア」「知的柔軟性」だったのです。それぞれの「強み」がどのような意味なのか、過去のストーリーと紐づけながら伺っていくと、彼は人がどのように考えたり、行動したりするのかにとても興味があり、「好奇心」が湧くというのです。確かに武道をしていたとき、相手がどんなことを考えているのかを予測し、先読みしてフェイントをかけて倒すのが一番楽しかったとのことで、また今ハマっているオンラインゲームでも対戦相手のマインドを読み、手玉にとるのが面白いと言うのです。彼のこの発言は「好奇心」だけでなく、人の行動を多角的に分析する「知的柔軟性」や表情や声などからも読み取る「社会的知性」という「特徴的な強み」も一緒に使っているのが見てとれますよね。これらの「強み」を活かした、まさに彼ならではのお話でした。彼自身も楽しいと感じてやっているオンラインゲームと幼少期から長年やっていた武道が自分の「強み」で繋がっていたことに驚いたようで、これらを今後、使っていけばいいのかと何かヒントを得たような、まだ二回目の面接にもかかわらず、希望が見えたような表情をしていました。これは経験上、思うことなのですが、彼だけでなく、小学校でも中学校でも高校でも、過去に何か頑張った経験があるお子さんはたとえ今、ひきこもりであっても、やっぱり前に進み出すのが早いのです。この「強み」のアプローチが本当にハマると、四回程度で前に進み出す子もいるのですが、それは紛れもなく、ひきこもりの状態が「心の病気」が原因なのではなく、「強み」の使い方が誤っていただけなのです。自分が当たり前のように使っていた「強み」をしっかり認識させ、その「強み」の価値を認めて、ボリューム調整という概念で捉え直していくと、第三章でもみたように、あの時つまずいたのは自分の「強み」を使い過ぎていた、もしくはまったく使っていなかったからだと腑に落ち、今、どの「強み」を意識して使わなければいけないのか、自ずと前に進むための道筋が見えてくることが実に多いのです。彼の場合も例外ではありませんでした。彼は自分の過去を「強み」のレンズを通して振り返っていく中、強豪校でつまずいたのは「社会的知性」を使い過ぎ、「知的柔軟性」をまったく使っていなかったからだと言ってきました。当時、武道がある意味、自分のアイデンティティのようなものだったのですが、ある大会で他校の男の子との試合で自分が勝ったとき、負けた相手のお婆ちゃんが会場に来ていて、孫の負けを見て泣いているのが目に入ってしまったそうです。その光景を見た彼は相手を負かしたことにとても罪悪感をもってしまい、武道で高校に入学したにも関わらず、武道をやる意味が分からなくなり、無気力状態になってしまったというのです。

「あのとき、『社会的知性』を使い過ぎちゃって、全然、『知的柔軟性』を使えていなかったんですね……」

また、通信制高校でつまずいたときも、「アニメ好きの子が多い中、ずっと格闘系の友達とつるんできたんで、中学のときとか馬鹿な話をして、盛り上がっていたのにそれを通信制でやってしまうと浮いてしまうので、自分の『ユーモア』を抑えようと制限し過ぎたのかもしれません」と。

彼は過去の出来事について反省していますが、その反省も強みベースで捉えているため、「じゃあ、次に同じようなことになった場合、本来は自分を輝かせてくれるこの『強み』をどう活かそうか？」と未来志向で建設的な対話へともっていきやすいのです。

私たちは次のステップとして、彼が人間関係に対する自信を回復できるように「好奇心」がかき立てられやすい、ゲームのオフ会のイベントに参加する計画を立てました。私はゲームのオフ会のことはよく知らないのですが、都内ではよく開催されているようで、彼はインターネットで調べて申込み、実際に行ってきました。そこで知り合った同世代の男の子と友人になり、「夕食も一緒に食べてきた」と嬉しそうに報告してきたのですが、彼の方から、今回は「ユーモア」を活かすことができましたと言ってきました。その後、少し自信を取り戻してきた彼は、とりあえずアルバイトをしようと積極的に外へ出向くようになりました。

少しずつ前に進みはじめた、そんなある日、偶然にも中学時代の旧友から久しぶりに連絡がきて、彼は来年開催される成人式の実行委員会のメンバーにならないかという誘いを受けたのです。これまで順調に進んでいる同級生に引け目を感じ、会うことを避けていたのですが、彼は「今しかない」と意を決して、実行委員会のメンバーになり、成人式当日に流す動画を編集する役割を担いました。最初は会議に参加すること自体、緊張していたのですが、彼は持ち前の「知的柔軟性」を活かし、動画に映る男女比のバランスや構成を熟考し、「ユーモア」を交えながら入念に準備を行った結果、同級生や先生たちから大絶賛されるほどの素晴らしい動画を制作したのです。さらに、なんと彼は成人式で成人者代表として、「誓いの言葉」を述べる大役も任されたというのです。その「誓いの言葉」を作成する際、彼は「知的柔軟性」を活かして過去の「誓いの言葉」を分析し、土台を作った上で、自分が今、思っていることや感じていることを熟考しながら、一生懸命、書き上げていきました。そして、その「誓いの言葉」はこれまで挫折を経験してきた彼にしか作れない、とても感慨深いものでした……。

「誓いのことば」

本日は私達の為に、このような素晴らしい式典を開催していただき、誠にありがとうございます。ご多用の中お越しいただきました来賓の皆様、そして、私達の為にご尽力くださった市役所の皆様や地域の皆様に、心から感謝申し上げます。

（中略）

さて、私達は、さまざまな選択肢の中から、自分で自由に人生を選ぶことができます。例えば、車に乗ること、買い物をすること、犬を飼うこと、牛を飼うこと、日本に住むこと、海外に住むことなど、どれを選んでも正解で、人生の正解は、一人一人が決めることができるのだと思います。

もちろん、自由と言っても、社会の一員としての責任を持つことが必要ですが、それも含めて「自由」だと思っています。

自由であるが故に、私達は、多種多様です。今日、ここに集まっているみなさんの中にも、ワクワクしながら生きている人や、どんどん前に進んでいる人、不安を抱えている人や、一休みしている人など、様々な人がいると思います。

しかし、私達全員に共通することがあります。それは、「やりたいことがしたい」という気持ちです。

だからこそ、やりたいことをやってみます。

一人一人のペースで歩んで行きます。

そして、私達の人生を生きて行きます。

未来がどうなるかは分かりません。ですが、それは、振り返った時に分かるものだと思います。

最後になりますが、このように、人生の節目を意識する機会を設けていただいたこと、改めて感謝申し上げます。

この節目を大切に心に刻み、これからの人生を力強く歩んで行くことを誓って、新成人代表の挨拶とさせていただきます。

〇△〇△年一月〇△日

成人者代表　〇△〇△

成人式後の面接で見せてもらったこの力強い「誓いの言葉」。順調に前に進んでいる人もいれば、僕みたいに悩んで回り道をしている人もいる。でも、誰も未来がどうなるかなんて分からないし、それは振り返ってみないとわからない。だから、勇気を出して、やりたいことをやってみたい。自分の人生を生きていきたい……。暗闇の中、もがき続けて「根」を伸ばしてきた、成長してきた彼だからこそ書けるこの真っすぐな言葉は、今を生きる、純粋な青年の「叫び」でした。

これからの人生も紆余曲折、さまざまな壁が彼を待ち受けていることでしょう。しかし、それは彼が積極的に生きるからこそぶつかる壁であり、その壁にぶつかるごとに私は拍手を送りたいです。そして、自分自身の「強み」を活かし、その壁を乗り越えていく過程を通して、彼の「花」は、蓮の花のように美しく、咲き誇っていくことでしょう。アルバイトをはじめ、一歩ずつ前に進んでいく彼の「庭づくり」が楽しみです。

〈追伸〉文中の「牛を飼う」は本人曰く、「Cow（カウ）」と「飼う」をかけたとのこと。誰も気づいてくれませんでした（笑）。

＊＊＊

ここではポジティブサイコロジーの理論を応用した五人のストーリーをご紹介させていただきました。ここでのケースでも出てきたように「雑草」をならすことは重要です。しかし、不登校やひきこもりのお子さん一人一人が勇気をもって、一歩前へと踏み出していく、その勇姿を傍で見るたびに、「自分の人生を前に進めるものは、自分の『内なる最良のもの』なんだ」と、私はますます、「花」を育てることの意義を深く感じるようになりました。私たちがより「豊かな人生」という「庭」をつくっていくためには、自分の、そして周りの人たちの「花」を一緒に育てていくことが何よりも重要なんだということを、私は彼らに教えてもらったような気がします。

今、皆さんの目の前にいる不登校やひきこもりのお子さんにも、必ず「花」があります。「種」があります。その「花」や「種」に目を向けはじめると、きっと彼らの中にある「可能性」が見えてくるはずです。その「可能性」に水をまきましょう。共に「花」を育てましょう。なぜなら、「花」を育てることこそ、「不登校・ひきこもり支援」の「大前提」なのですから。

おわりに

皆さん、最後までお読みいただき、誠にありがとうございました。本書が、不登校やひきこもりのお子さんを支援していく上で、一つでも何かのヒントになっていれば幸いです。

本書では、「不登校・ひきこもり」をテーマにポジティブサイコロジーを応用した新しい支援のカタチをご紹介してきました。しかし、矛盾しているようですが、私は何も「学校に行かないこと」や「家にいること」が悪いことだとは思っていません。これほど価値観が多様化され、インターネットが発達した時代に、また、新型コロナウイルス感染拡大によるオンライン授業やテレワークの推進により、自宅で勉強や仕事をすることも増えてきた新しい社会において、「一生、生きていけるのであれば、ずっと家にいてもいいのではないか？」とも正直、思っています。それでもなお、私自身が不登校やひきこもりのお子さんのご自宅まで伺い、一人一人とお話しするという地道な活動を続けているのは、一つ気になることがあるからです。それは、家の中にずっといるお子さんと対話していると、「自分は駄目だ」とか「自分には価値がない」とか、中には「こんなことだったら生まれてこなければよかった」と思っているお子さんと出会うことがあるからです。それも一人ではなく非常に多くのお子さんたちと。しかし、そんな彼らも心のどこかで「このままじゃ駄目だ」と思っている。だけど自信がなくて、これからどうすればいいのか分からない……。そのようなお子さんたちの「声なき声」が聴こえてくるのです。

私は「学校に行かないこと」や「家にずっといること」自体については何も思わないのですが、「自分には価値がない」ということについては、「ちょっと待った」と思ってしまうのです。一人の人間が成長していく過程において、「不登校やひきこもりが良い、悪い」という話はあまり重要でなく、彼らが「自分には価値がある」と思えるかどうかの方がより本質的なことだと思っています。いくら学校に行けたとしても、社会に出れたとしても、「自分には価値がない」と思い続けている限り、そこに真の「ゆかたさ」は存在しません。

本来、人間というのは複雑な生き物です。本書でみた二四種の「強み」だけでも、その意味合いや組み合わせは一人一人異なり、決して、勉強の偏差値やスポーツの出来、学校や会社の名前だけでは「人間」という複雑であり、神秘的な生き物を測ることはできません。

「勉強が出来ない、スポーツも出来ない、芸術の才能もない、クラスで面白いことも言えない、だから自分には価値がない」「名のある大学に落ち、就職に失敗して、同期に遅れをとった。もう自分には価値がない」……そんな単純な話ではないのです。

いい学校に行くべき、いい会社に就職すべき、こう生きていくべき、ああ生きていくべき……。今の日本社会は、あまりにも不要な「マニュアル」が多すぎ、私たちはどこか「細長い平均台」の上でも歩かされているような錯覚に陥ってしまいます。果たして、私たち人間にとって、本当に大切なものとは、真のゆたかさとは、一体、何でしょうか。本書は、お子さんたちが本当にゆたかな人生を歩むために必要なものは何かを第一に考え、ポジティブサイコロジーという一つの心理学を道標としてお話しさせていただきました。

本書を通して、一人でも多くの方がお子さんの「雑草」だけでなく、「花」の部分にも関心をもち、それを育てていくきっかけになればと願っています。そして、数十年後には、ここに書かれた内容が既に「当たり前」のものとなり、本書が誰からも求められない世の中になっていることを祈っています。

最後になりましたが、本書を出版する上で、金剛出版の中村奈々様には大変お世話になりました。また、このようにポジティブサイコロジーによる不登校・ひきこもりの支援活動をさせていただけているのは、自分の意志を超えた大いなる縁によるものです。大野裕先生、坪田一男先生、三村將先生、川島素子先生、ロバート・ビスワス＝ディーナー先生、ライアン・ニーミック先生、加藤圭一先生、川原尚行先生、久保田恵里様、寺田裕一様、上原秀介様、鍋谷陽介様、奥村玲様、小路永啓多様、村山雅俊先生、樋口大介様、春畑光美様、青木紀子様、椙岡佳範様、松山知紘先生、新井立志先生、エフレン・ペニャフロリダ様、佐藤公俊・小百合様、小中慶樹・栄様、大谷一夫様、大谷道子様、佐藤圭哉様、尾形圭一様、香月孝文様、アグネス・メリック様、横田玲子先生、仲本浩喜先生、塩崎童心先生、藤山英心先生、松下久典様をはじめ、これまで出会った多くの方々に、私自身が助けられてきた過去を省みずに語ることはできません。この場をお借りして、厚くお礼を申し上げます。そして、二〇代で人生を彷徨っていた不器用な息子に対し、信じ続けてくれた両親に感謝いたします。

二〇二〇年六月　松隈　信一郎

参考文献

Asplund, J., Lopez, S. J., Hodges, T., & Harter, J. (2007). The Clifton StrengthsFinder 2.0 technical report: Development and validation. The Gallup Organization, Princeton.

Baumeister, R. F., Bratslavsky, E., Finkenauer, C., & Vohs, K. D. (2001). Bad is stronger than good. Review of General Psychology, 5(4), 323-370.

Biswas-Diener, R. (2006). From the equator to the North Pole: A study of character strengths. Journal of Happiness Studies, 7(3), 293-310.

Biswas-Diener, R., & Dean, B. (2007). Positive psychology coaching: Putting the science of happiness to work for your clients. John Wiley & Sons.

Biswas-Diener, R. (2010). Practicing positive psychology coaching: Assessment, activities and strategies for Success. John Wiley & Sons.

Biswas-Diener, R., Kashdan, T. B., & Minhas, G. (2011). A dynamic approach to psychological strength development and intervention. The Journal of Positive Psychology, 6(2), 106-118.

Biswas-Diener, R. (2012). The courage quotient: How science can make you braver. John Wiley & Sons.

Buckingham, M., & Clifton, D. O. (2001). Now, discover your strengths. Simon and Schuster.

Clifton, D. O., & Harter, J. K. (2003). Investing in strengths. Positive organizational scholarship: Foundations of a new discipline, 111-121.

Csikszentmihalyi, M. (1997). Finding flow: The psychology of engagement with everyday life. Basic Books.

Diener, E., & Biswas-Diener, R. (2011). Happiness: Unlocking the mysteries of psychological wealth. John Wiley & Sons.

Douglass, R. P., & Duffy, R. D. (2015). Strengths use and life satisfaction: A moderated mediation approach. Journal of Happiness Studies, 16(3), 619-632.

Dunn, E. W., Aknin, L. B., & Norton, M. I. (2008). Spending money on others promotes happiness. Science, 319(5870), 1687-1688.

Dweck, C. S. (2008). Mindset: The new psychology of success. Random House Digital, Inc.

Fredrickson, B. L. (2001). The role of positive emotions in positive psychology: The broaden-and-build theory of positive emotions. American Psychologist, 56(3), 218.

Freidlin, P., Littman-Ovadia, H., & Niemiec, R. M. (2017). Positive psychopathology: Social anxiety via character strengths underuse and overuse. Personality and Individual Differences, 108, 50-54.

Gable, S. L., & Haidt, J. (2005). What (and why) is positive psychology? General Review of Psychology, 9(2):103-110.

Germer, C. (2009). The mindful path to self-compassion: Freeing yourself from destructive thoughts and emotions. Guilford Press.

Ghielen, S. T. S., van Woerkom, M., & Christina Meyers, M. (2018). Promoting positive outcomes through strengths interventions: A literature review. The Journal of Positive Psychology, 13(6), 573-585.

Govindji, R., & Linley, P. A. (2007). Strengths use, self-concordance and well-being: Implications for strengths coaching and coaching psychologists. International Coaching Psychology Review, 2(2), 143-153.

Hayes, S. C., Strosahl, K. D., & Wilson, K. G. (2009). Acceptance and commitment therapy. American Psychological Association.

Hodges, T. D., & Clifton, D. O. (2004). Strengths-based development in practice. Positive Psychology in Practice, 1, 256-268.

Ito, T. A., Larsen, J. T., Smith, N. K., & Cacioppo, J. T. (1998). Negative information weighs more heavily on the brain: the negativity bias in evaluative categorizations. Journal of Personality and Social Psychology, 75(4), 887.

Jach, H. K., Sun, J., Loton, D., Chin, T. C., & Waters, L. E. (2018). Strengths and subjective wellbeing in adolescence: strength-based parenting and the moderating effect of mindset. Journal of Happiness Studies, 19(2), 567-586.

Keyes, C. L. (2002). The mental health continuum: From languishing to flourishing in life. Journal of Health and Social Behavior, 207-222.

Keyes, C. L. (2005). Mental illness and/or mental health? Investigating axioms of the complete state model of health. Journal of Consulting and Clinical Psychology, 73(3), 539.

Linley, P. A., & Harrington, S. (2006). Strengths coaching: A potential-guided approach to coaching psychology. International Coaching Psychology Review, 1(1), 37-46.

Linley, P. A. (2008). Average to A+: Realising strengths in yourself and others. CAPP Press.

Linley, P. A., Woolston, L., and Biswas-Diener, R. (2009). Strengths coaching with leaders. International Coaching Psychology Review, 4(1), 37-48.

Linley, P. A., Nielsen, K. M., Gillett, R., and Biswas-Diener, R. (2010). Using signature strengths in pursuit of goals: Effects on goal progress, need satisfaction, and well-being, and implications for coaching psychologists. International Coaching Psychology Review, 5(1), 6-15.

Littman-Ovadia, H., & Freidlin, P. (2019). Positive psychopathology and positive functioning: OCD, flourishing and satisfaction with life through the lens of character strength underuse, overuse and optimal use. Applied Research in Quality of Life, 1-21.

Lomas, T., & Ivtzan, I. (2016). Second wave positive psychology: Exploring the positive–negative dialectics of wellbeing. Journal of Happiness Studies, 17(4), 1753-1768

Lopez, S. J., & Louis, M. C. (2009). The principles of strengths-based education. Journal of College and Character, 10(4).

Louis, M. C. (2011). Strengths interventions in higher education: The effect of identification versus development approaches on implicit self-theory. The Journal of Positive Psychology, 6(3), 204-215.

Maister, D. H., Green, C. H., & Galford, R. M. (2000). The trusted advisor. Simon and Schuster.

Martela, F., & Steger, M. F. (2016). The three meanings of meaning in life: Distinguishing coherence, purpose, and significance. The Journal of Positive Psychology, 11(5), 531-545.

Matsuguma, S., Kawashima, M., Negishi, K., Sano, F., Mimura, M., & Tsubota, K. (2018). Strengths use as a secret of happiness: Another dimension of visually impaired individuals' psychological state. PLoS One, 13(2).

Matsuguma, S., Kawashima, M., Uchino, M., & Tsubota, K. (2018). Value of considering psychological strengths in patients with eye pain. American Journal of Ophthalmology Case Reports, 12, 91-92.

Matsuguma, S., Kawashima, M., & Tsubota, K. (2018). Applying strengths from the virtual to the real world: Strengths intervention for Hikikomori youth: A case study. Positive Clinical Psychology: An International Perspective, 1.

Matsuguma, S., Kawashima, M., Sano, F., & Tsubota, K. (2019). "Cannot see? Use your strengths!" A randomized controlled trial of strengths intervention for improving self-esteem among visually impaired individuals. Clinical Rehabilitation, 33(10), 1596-1606.

McGrath, R. E. (2015). Character strengths in 75 nations: An update. Journal of Positive Psychology, 10, 41.

Neff, K. (2003). Self-compassion: An alternative conceptualization of a healthy attitude toward oneself. Self and Identity, 2(2),

85-101.

Niemiec, R. M. (2013). Mindfulness and character strengths. Hogrefe Publishing.

Niemiec, R. M. (2017). Character strengths interventions: A field guide for practitioners. Hogrefe Publishing.

Niemiec, R. M. (2019). Six functions of character strengths for thriving at times of adversity and opportunity: A theoretical perspective. Applied Research in Quality of Life, 1-22.

Niemiec, R. M., & McGrath, R. E. (2019). The power of character strengths: Appreciate and ignite your positive personality. VIA Institute on Character.

Niemiec, R. M. (2019). Finding the golden mean: the overuse, underuse, and optimal use of character strengths. Counselling Psychology Quarterly, 32(3-4), 453-471.

Park, N., Peterson, C., & Seligman, M. E. P. (2004). Strengths of character and well-being. Journal of Social and Clinical Psychology, 23, 603-619.

Peterson, C., & Seligman, M. E. (2004). Character strengths and virtues: A handbook and classification (Vol. 1). Oxford University Press.

Peterson, C. (2006). A primer in positive psychology. Oxford University Press.

Peterson, C., Park, N., Pole, N., D'Andrea, W., & Seligman, M. E. P. (2008). Strengths of character and posttraumatic growth. Journal of Traumatic Stress: Official Publication of the International Society for Traumatic Stress Studies, 21(2), 214-217.

Peterson, C., Ruch, W., Beermann, U., Park, N., & Seligman, M. E. P. (2007). Strengths of character, orientations to happiness, and life satisfaction. The Journal of Positive Psychology, 2(3), 149-156.

Peterson, C., & Park, N. (2009). Classifying and Measuring Strengths of. Oxford Handbook of Positive Psychology, 25.

Prochaska, J. O., & Velicer, W. F. (1997). The transtheoretical model of health behavior change. American Journal of Health promotion, 12(1), 38-48.

Proctor, C., Maltby, J., & Linley, P. A. (2011). Strengths use as a predictor of well-being and health-related quality of life. Journal of Happiness Studies, 12(1), 153-169.

Rashid, T., & Anjum, A. (2008). Positive psychotherapy for young adults and children. Handbook of Depression in Children and Adolescents, 250-287.

Rashid, T. (2009). Positive interventions in clinical practice. Journal of Clinical Psychology, 65(5), 461-466.

Rashid, T., & Ostermann, R. F. (2009). Strength-based assessment in clinical practice. Journal of Clinical Psychology, 65(5), 488-498.

Rashid, T., & Seligman, M. E. P. (2018). Positive psychotherapy: Clinician manual. Oxford University Press.

Rath, T. (2007). StrengthsFinder 2.0. Simon and Schuster.（古屋博子訳，（二〇一七），『さあ、才能（じぶん）に目覚めよう 新版 ストレングス・ファインダー 2.0』日本経済新聞出版社）

Schutte, N. S., & Malouff, J. M. (2019). The impact of signature character strengths interventions: A meta-analysis. Journal of Happiness Studies, 20(4), 1179-1196.

Seligman, M. E. P., & Csikszentmihalyi, M. (2000). Positive psychology: An introduction. American Psychologist, 55, 5-14.

Seligman, M. E. P., Steen, T. A., Park, N., & Peterson, C. (2005). Positive psychology progress: empirical validation of interventions. American Psychologist, 60(5), 410.

Seligman, M. E. P. (2006). Learned optimism: How to change your mind and your life. Vintage.

Seligman, M. E. P., Rashid, T., & Parks, A. C. (2006). Positive psychotherapy. American Psychologist, 61(8), 774.

Seligman, M. E. P. (2015). Chris Peterson's unfinished masterwork: The real mental illnesses.The Journal of Positive Psychology, 10(1), 3-6.

Snyder, C. R. (Ed.). (2000). Handbook of hope: Theory, measures, and applications. Academic Press.

Wong, P. T. (2011). Positive psychology 2.0: Towards a balanced interactive model of the good life. Canadian Psychology/

Psychologie Canadienne, 52(2), 69.

Yeager, D. S., Hanselman, P., Walton, G. M., Murray, J. S., Crosnoe, R., Muller, C., ... & Paunesku, D. (2019). A national experiment reveals where a growth mindset improves achievement. Nature, 573(7774), 364-369.

大野裕（二〇〇三）．『こころが晴れるノート：うつと不安の認知療法自習帳』．東京，創元社．

〈著者略歴〉

松隈 信一郎（まつぐま・しんいちろう）

医学博士，公認心理師

慶應義塾大学大学院医学研究科博士課程修了。専門はポジティブサイコロジーとストレングス（強み）研究。

在学中に一般社団法人ストレングス協会を設立，ポジティブサイコロジーの理論を応用した10代・20代の不登校・ひきこもりの訪問支援，教員・保護者向けの心理教育，及び，各教育機関向けの心理教育プログラムの開発・監修に従事。

慶應義塾大学医学部精神・神経科学教室共同研究員，日本ポジティブサイコロジー医学会事務局，日本ポジティブサイコロジー医学会事務局（株式会社メディプロデュース内）立教大学グローバル教育センター兼任講師，米国GALLUP社シニアコンサルタント兼任。

第6回ポジティブサイコロジー国際学会臨床部門症例大会ファイナリスト。

ポジティブサイコロジー
不登校《ふとうこう》・ひきこもり支援《しえん》の新《あたら》しいカタチ

2020年10月 1日 印刷
2020年10月10日 発行

著 者 松隈 信一郎
発行者 立石 正信

印刷・製本 音羽印刷

装丁 臼井新太郎

株式会社 金剛出版
〒112-0005 東京都文京区水道1-5-16
電話03（3815）6661（代）
FAX03（3818）6848

ISBN978-4-7724-1791-4 C3011